国民とは何か

エルネスト・ルナン
長谷川一年 訳

講談社学術文庫

目次

凡例

・本書は、Ernest Renan, « Qu'est-ce qu'une nation? », in *Discours et conférences*, Calmann-Lévy, 1887, pp. 277-310 の全訳である。
・原注は（1）、（2）の形で示し、注本文は当該段落のあとに置いた。
・原文におけるイタリック体には、傍点を付した。
・訳者による注記・補足は〔　〕の形で本文中に併記した。なお、原文における明らかな誤植については、特に断ることなく修正して訳出してある。

国民とは何か

一八八二年三月一一日、ソルボンヌで行われた講演これから皆さんとご一緒に、一見すると明快でありながら、このうえなく危険な誤解をもたらしかねない一つの観念について分析してみようと思います。人間社会の形態は実に多様です。たとえば中国やエジプト、太古のバビロニアに見られる巨大な人口集団、ヘブライ人やアラブ人のような部族集団、アテナイやスパルタのような都市国家、アケメネス帝国〔最初のペルシア帝国〕やローマ帝国やカロリング帝国〔八世紀から一〇世紀のフランク王国〕に見られる諸国の結合、ユダヤ教徒やパールシー教徒〔イランからインドに移住したゾロアスター教徒〕のように宗教的な絆で結ばれた祖国なき共同体、フランスやイギリスをはじめとする近代ヨーロッパの自治国家の大半に見られる国民、スイスやアメリカのような連邦国家、人種というよりも言語によって作り出されたゲルマン系やスラヴ系の諸族間の親族関係など、人間集団のあり方は今も昔もさまざまです。しかし、これらを混同してしまうと、このうえなく重大な支障が生じることになります。フランス革命期には、スパルタやローマのような独立した小都市の制度が、三〇〇〇万から四〇〇〇万の巨大な人口を有する国民にも適用できると信じられていました。現在では、もっと深刻な誤りが見受けられます。人種と国民を混同し、現に存在している民族と同じような主権を、民族誌学上の集団に、というよりも言語学上の集団に付与しているのです。こうした厄介な問題を多少なりとも明確にしてみましょう。何しろこの問題は、議論の最初にわずかな語義上の混乱があるだけで、最後には取り返しのつかない誤りを引き起こしかねない性質のものだからです。われわれの作業には細心の注意が必要で、それはほとんど生体解剖にも等しい。ふだん死んでいるものを扱うような手つきで、生きているものを扱いましょう。これ以上なく冷静かつ公正な態度でのぞむことにしましょう。

I

ローマ帝国の終焉以来、というよりもシャルルマーニュ帝国の解体以来、西ヨーロッパは諸国民に分裂しているように見えます。そのうち若干の国民は、ある時期には他の国民に対して主導権を握ろうとしたものの、これまでのところ持続的に成功した例はありません。カール五世にも、ルイ一四世にも、ナポレオン一世にもできなかったのだから、おそらく将来にわたって誰も実現できないでしょう。新しいローマ帝国や新しいシャルルマーニュ帝国を樹立することは、もはや不可能です。ヨーロッパの分裂は実に根深いもので、全体を支配しようとしてもすぐに同盟が形成され、野心的な国民を本来の境界線まで押し返してしまうのです。ある種の均衡が長らく定着しています。フランス、イギリス、ドイツ、ロシアは、この先どんな不測の事態に出くわすとしても、数百年間は歴史的な統一体のままであり続けるでしょう。それらはチェス盤上の必要不可欠な駒であり、一つひとつの升目の重要性や大きさは絶えず変化しても、完全に融合してしまうことは決してないのです。

こんなふうに理解された国民は、歴史上かなり新しいものです。古代では国民という存在は知られていませんでした。エジプト、中国、古代カルデア〔メソポタミア南部〕は、いかなる意味でも国民ではなかった。それは太陽の息子か天子に導かれた人間の群れでした。エジプト市民もなければ、中国市民もなかった。古典古代が知っていたのは、自治都市の共和国や王国、地域共和国の同盟、あるいは帝国であって、われわれが理解しているような意味での国民は、ほとんど存在していませんでした。アテナイ、スパルタ、シドン、ティルス〔シドンとティルスは古代フェニキアの都市〕は、ちょっとした中心地であり、立派な愛国心をそなえていましたが、これらの都市は比較的限られた領土しか持っていませんでした。ガリア、スペイン、イタリアは、ローマ帝国に吸収される以前は小部族の集まりであり、ときに同盟を結ぶことはあっても、核となる制度も王朝もありませんでした。アッシリア帝国、ペルシア帝国、アレクサンドロスの帝国もまた祖国と言えるようなものではありませんでした。アッシリアの愛国者などついぞ見たこともないし、ペルシア帝国は巨大な封建制でした。アレクサンドロスの大遠征は文明史全般にとって実り豊かな成果をもたらしたものの、そこに起源を有する国民というものは一つもありません。

ローマ帝国はよりいっそう祖国に近い存在でした。数々の戦争を終結させた、という大きな恩恵への見返りとして、最初は苛烈を極めたローマの支配もほどなく愛されるようになりました。それは偉大な結合体であり、まさに秩序と平和と文明を意味していました。帝政末期には、気高い精神の持ち主、開明的な司教、教養階層などの間で、野蛮状態の恐るべき混沌の対極にある「ローマの平和」への真情が共有されていました。とはいえ、現在のフランスより一二倍も大きい帝国ですから、近代的な意味での国家を形成することはできません。東西への分裂は不可避でした。三世紀のガリア帝国の試みは失敗に帰します。のちに国民意識というものの基礎となる原理を世界に持ち込んだのは、ゲルマン民族の侵攻でした。

五世紀の大規模な侵攻に始まり、果ては一〇世紀のノルマン征服に至るまでの間に、ゲルマン諸族はいったい何をしたのか。人種の根底には、ほとんど何の変化もありません。けれども、旧西ローマ帝国のかなり広い範囲に王朝と軍事的貴族制を押しつけたので、その土地は侵略者の名前を冠することになりました。ここから、フランス、ブルグント、ロンバルディア、さらに遅れてノルマンディが生まれてきたのです。すぐにフランク帝国が覇権を獲得し、一時は西ヨーロッパの一体性が回復されましたが、この帝国は九世紀の半ばにはあえなく崩壊してしまいました。ヴェルダン条約〔八四三年、フランク王国を三分割する条約が結ばれ、これによってドイツ、フランス、イタリアの原型が作られた〕によって基本的に変更不可能な分割が行われ、それ以来、フランス、ドイツ、イギリス、イタリア、スペインは、しばしば回り道をしながら、冒険に冒険を重ねて、完全な国民的存在へと歩を進め、今日われわれはその開花を目撃している、というわけです。

では、実際のところ、こうした諸国家を特徴づけるものは何なのでしょうか。それは国家を構成する住民の融合です。今しがた列挙した国々では、トルコ人、スラヴ人、ギリシア人、アルメニア人、アラブ人、シリア人、クルド人が今日でも征服当時と同じようにバラバラに存在しているトルコのような状況は見られません。こうした結果を招いた背景には、二つの重要な事情があります。まず、ゲルマン諸族はギリシア人やラテン人と多少とも継続的に接触するようになるやいなや、キリスト教を採用した、という事実があります。征服者と被征服者が同じ宗教を奉ずるなら、というより征服者が被征服者の宗教を採用するなら、宗教に従って人間を絶対的に区別するトルコのような仕組みが生まれる余地はありません。二つ目は、征服者の側にかかわる事情で、自分たちの言語を忘却する、ということです。クローヴィス、アラリック、グンドバド、アルボイン、ロロ〔いずれもゲルマン系の王〕の孫たちは、すでにロマンス語を話していました。この事実自体が、もう一つの重要な特殊事情の結果です。すなわち、フランク人、ブルグント人、ゴート人、ロンバルド人、ノルマン人は、同族の女性をごく少数しか引き連れてこなかったのです。数世代の間、族長はゲルマン人女性としか結婚しませんでしたが、内縁の妻はラテン人、子供たちの乳母もラテン人でした。部族の者はみなラテン人女性を妻にしたのです。そういうわけで、フランク人やゴート人がローマの地に根を下ろして以来、フランク語もゴート語も実に短命に終わりました。イギリスでは事情を異にしています。アングロ＝サクソン人の侵入は、おそらく女性を引き連れて行われたからです。ブリトン人〔イギリスの先住民族〕は逃げ出しました。ブリタニア〔グレート・ブリテン島〕では、ラテン語はもはや支配的ではなく、そもそも支配的だったこともありません。たとえ五世紀のガリアでガリア語が一般に話されていたとしても、クローヴィスとその臣下たちがゲルマン語を放棄してガリア語を選ぶことはなかったでしょう。

　ここから決定的に重要な帰結が生じます。ゲルマン人の侵略者の習俗は粗暴きわまりないものだったにもかかわらず、彼らが押しつけた鋳型は、数世紀の時を経て、国民の鋳型そのものになったのです。フランスは、まったく正当に、ごく一握りのフランク人しか入ってこなかった国の名前となりました。一〇世紀には、その時代の精神を忠実に反映した最初の武勲詩のなかで、フランスの住民はすべてフランス人だとされています。フランスの住民のなかには人種の違いがある、という考えは、グレゴワール・ド・トゥール〔六世紀のトゥールの司教・歴史家〕においては実に顕著でしたが、ユーグ・カペー〔一〇世紀のフランス王〕以降のフランスの作家や詩人には少しも見られません。貴族と領民の違いは可能なかぎり強調されているけれども、両者の違いは民族上のものではありません。それは父祖から受け継がれた勇気、習慣、教育の違いです。こうしたものすべての起源に征服がある、といった考えは、誰も思いつきませんでした。貴族の起源は国民への大いなる奉仕の見返りとして王から授与された特権にある、したがって貴族とは爵位に叙せられた者である――こうした誤った見解が、一三世紀以来、教義と化しました。ノルマン人による征服の後には、ほとんどつねに同じようなことが起こります。ノルマン人の侵略者たちは、一世代か二世代もすれば、もはや他の住民と区別がつかなくなりました。それでもノルマン人の影響は大きく、征服した国に、それまで存在していなかった貴族階級、軍事的習慣、愛国心といったものをもたらしたのです。

忘却、あるいは歴史的誤謬と言ってもかまいませんが、それこそが国民創造に不可欠な要因なのです。だから、歴史研究の進歩は、しばしば国民の存在を危うくします。実際、歴史の探究は、あらゆる政治組織、最も好ましい結果をもたらした政治組織でさえ、その起源に暴力行為を伴っていたことを明るみに出します。統一はつねに乱暴に実現されます。北フランスと南フランスの統合は、殺戮と一世紀近く続いた恐怖政治の帰結でした。フランス王は、あえて言うなら、数世紀にわたって国民の結晶化を促してきた理想的類型であり、考えられるかぎり最も完璧な国民的統一を達成しました。そのフランス王にしても、あまりに近くから観察されたせいで、威信を失ってしまいました。彼が作り上げた国民は彼を呪うようになり、今やその真価と功績を知っているのは教養ある人々だけです。

こうした西ヨーロッパの歴史の大法則をはっきりさせるには、他の地域と比較してみるのがよいでしょう。圧政を用いたり正義に訴えたりしながら、フランス王が実に見事に成し遂げた事業は、他の多くの国々では失敗しました。聖イシュトヴァーン〔一〇〇〇年に成立したハンガリー王国の初代国王〕の王国では、マジャール人とスラヴ人は八〇〇年前と変わらず別々に存在しています。ハプスブルク家は、領土内の種々雑多な人々を融合させるどころか、彼らをバラバラの状態で維持し、しばしば敵対関係に置いてきました。ボヘミアでは、チェコ系とドイツ系がコップのなかの水と油のように重なり合っています。宗教によって国民を分離するトルコの政策は、よりいっそう重大な帰結をもたらしました。オリエント世界の没落を引き起こしたからです。サロニカ〔マケドニア地方の都市。テッサロニケ〕やスミュルナ〔小アジアの都市〕のような都市を見れば、そこに五つか六つの共同体があり、その各々が独自の記憶を持っていて、ほとんど共有するものがないことが分かるでしょう。ところが、国民の本質とは、すべての個人が多くのものを共有していること、それと同時にすべての個人が多くのものを忘れていることにあります。フランス市民は誰一人として、自分がブルグント人、アラン人、タイファル人、ヴィシゴート人のいずれの血を引いているのか知りません。すべてのフランス市民は、聖バルテルミー〔一五七二年、カトリックによる新教徒の虐殺事件〕のことを、あるいは一三世紀の南フランスでの大虐殺〔一二〇九年から二九年にかけて異端カタリ派がアルビジョワ十字軍によって虐殺された〕のことを忘れ去っていなければなりません。フランスでフランク人に起源を有することを証明できる一族は一〇に及ばず、その証明にしても、いかなる系図学者の体系化も台無しにしてしまう数え切れない未知の交雑のせいで、本質的に不完全なものになります。

したがって、近代の国民とは、軌を一にする一連の出来事によってもたらされた歴史的所産なのです。国民の統一は、フランスのように王朝によって実現される場合もあれば、オランダやスイスやベルギーのように諸州の直接の意志によって実現される場合もあるし、イタリアやドイツのように遅ればせながらも不安定な封建制に打ち勝った一般的精神によって実現される場合もあります。いずれにせよ、そこに国民が形成されたのは重大な存在理由があればこそです。このような場合、その原理はまったく思いがけない出来事によって明らかになります。われわれは今日、イタリアがその敗北によって統一され、トルコがその勝利によって解体するのを目の当たりにしました。イタリアは敗北を重ねるたびに前進し、トルコは勝利するたびに崩壊していきました。イタリアは一つの国民であるのに対して、トルコは小アジアの外では国民ではないからです。フランス革命によって、国民がそれ自体として存在することを宣言したのは、フランスの誇りとするところです。他の人々がわれわれの真似をしたからといって不快に思ってはいけません。国民の原理は、あくまでもわれわれのものです。しかし、それでは国民とは何なのでしょうか。オランダは一つの国民なのに、ハノーファー〔一九世紀にはハノーファー王国としてドイツ連邦を構成していたが、普墺戦争での敗北後、プロイセンに併合されて州となった〕やパルマ大公国〔一八六〇年にサルデーニャ王国に併合され、その後イタリア王国の一部となった〕が国民でないのはなぜでしょうか。フランスを創造した原理は消滅してしまったのに、どうしてフランスは一つの国民であり続けているのでしょうか。三つの言語、二つの宗教、三つないし四つの人種を抱えるスイスが国民であるのに対して、たとえば非常に均質なトスカーナが国民でないのはどうしてなのでしょうか。なぜオーストリアは国家であって、国民ではないのでしょうか。国民の原理はいかなる点で人種の原理と異なるのでしょうか。思慮深い人が一貫した態度を保つには、これらの点にこそ目を向けなければなりません。世の中の問題がこの種の推論で片づくことはほとんどないとはいえ、注意深い人であれば、こうした問題に多少なりとも理性を傾け、浅はかな連中が陥っている混乱を解きほぐそうとするものです。

II

何人かの政治理論家が言うところでは、国民とは何よりも王朝であり、その王朝はかつて生じた征服を、多くの人々によってまず受け入れられ、そして忘れられた征服を体現しています。この政治理論家たちによれば、ある王朝が戦争や婚姻や条約を通して実現した属州の結合は、それを作り出した王朝とともに終わりを迎えます。なるほど、近代の国民の大半は封建制に起源を有する一族によって作られたものであり、その一族が土地と婚姻関係を結んで、いわば中央集権化の核になったというのは、まぎれもない事実です。一七八九年のフランスの境界線には、何一つ自然なところもなければ、必然的なところもありません。ヴェルダン条約で定められた狭隘な辺境にカペー家が付け加えた広大な領土は、とりもなおさずこの一族の個人的な獲得物なのです。この併合が行われた時代には、自然的国境だの、諸国民の権利だの、属州の意志だのといった観念は存在しませんでした。イングランドとアイルランドとスコットランドの統合も、王朝の手によって成し遂げられました。イタリアが一つの国民になるのがこんなにも遅れたのは、一九世紀に至るまで、数ある支配王家のなかから統一の中心となる王家が現れなかったからにほかなりません。奇妙なことに、ほとんどイタリアとも言えないような無名の島だったサルデーニャから、イタリアは王家の称号を得たのでした[1]。オランダは英雄的決断を伴う行為によってみずからを創造しましたが、それでもオラニエ家〔一六世紀以来のオランダ王家〕と緊密な婚姻関係を結んだのであって、この結合が危うくなれば、本当に危険を冒すことになるでしょう。

（1）　サヴォイア家はサルデーニャ島の領有（一七二〇年）によって王家の称号を得た。

しかし、この法則は絶対的なものでしょうか。おそらく、そんなことはありません。スイスとアメリカ合衆国は次々と付加された混合体として形成されたので、いかなる王朝的基盤も持っていない。フランスについては立ち入らないことにしましょう。それは未来の秘密を握っていなければ論じられない問題です。ただ、この偉大なフランスの王権は高度に国民的な存在だったので、それが失墜した直後から、国民は王権なしでもやっていくことができたのだ、と言っておきましょう。一八世紀にはすべてが一変してしまいました。数世紀にわたる屈従の時代を経て、人々は古代の精神に、自尊の感情に、権利の観念に回帰しました。祖国や市民といった言葉が意味を取り戻しました。こうして過去に類例を見ない果敢な手術が遂行されたのです。それは生理学で言えば、もともとの自己同一性は維持したまま、脳と心臓を切除した身体を生かしておく試みにも喩えられるものでした。

それゆえ、国民は王朝的原理なしでも存在しうるのであり、王朝によって形成された国民でも、その王朝から切り離されたからといって存在しなくなるわけではない、ということを認めなければなりません。王族の権利しか考慮しないような古い原理は、もはや維持できないでしょう。王朝の権利のほかに、国民の権利というものがあるのです。では、この国民の権利は、いかなる基準にもとづいているのでしょうか。どんな特徴によってそれを認識できるのでしょうか。そして、どんな明白な事実からそれを導き出せるのでしょうか。

(1) 人種からである、と多くの人は自信たっぷりに答えます。封建制や、王族の婚姻関係や、外交官の会議の結果である人為的な分割は、もう通用しません。確固として揺るぎないものは、住民の人種である。これこそが権利と正統性を基礎づけるというのです。この理論に従えば、たとえばゲルマン系の一族は、離ればなれになったゲルマン主義の構成員たちを、彼らが合流することを望んでいない場合でも、取り戻す権利があります。ゲルマン主義のこうした属州に対する権利は、その属州の住民の自分自身に対する権利より強力です。こうして神から授かった王の権利にも匹敵する原初的権利が作り出され、国民の原理に代えて民族誌学の原理が打ち立てられるのです。これはまことに大きな間違いであって、こんな間違いが広まるようではヨーロッパ文明は崩壊してしまうでしょう。国民の原理が公正かつ正統であるのと同じだけ、人種の原初的権利の原理は真の進歩にとって偏狭で危険に満ちたものなのです。

古代の部族や都市にあっては、人種という事実が第一級の重要性を有していた、ということは認めましょう。古代の部族や都市は家族の延長にすぎません。スパルタやアテナイでは、すべての市民は程度の差こそあれ親戚関係にありました。イスラエルの息子たち〔ユダヤ人〕も同様でしたし、アラブの諸部族は現在でもそうです。アテナイ、スパルタ、イスラエルの部族から、ローマ帝国に目を転じましょう。ここで状況は一変します。まずは暴力によって形成され、次いで利益によって維持されてきた、互いに似ても似つかない都市と属州の寄せ集めであるこの巨大な集合体は、人種の観念に深刻きわまりない打撃を与えました。さらにキリスト教も、その普遍的かつ絶対的な性格によって、いっそう効果的にこの動きを後押ししました。キリスト教はローマ帝国と緊密な同盟関係を結び、この二つの比類ない統合要因の効果によって、民族誌学的な根拠は何世紀もの間、人間に関する事柄を管理する際に顧みられませんでした。

蛮族の侵攻も、外見とは裏腹に、この方向に向けてさらなる一歩を踏み出すものでした。蛮族の王国の境界線には、民族誌学的なところはどこにもなく、侵略者の力ないし気まぐれによって決められたものです。侵略者が従属させた住民の人種など、彼らにとってはまったく取るに足らないことでした。シャルルマーニュは、すでにローマが実行したことを、すなわち、このうえなく多様な人種で構成された統一帝国の試みを、もう一度自分なりにやり直しました。ヴェルダン条約の起草者たちは、帝国の北から南に二本の太い線をこともなげに引きながら、その線によって左右に切り分けられる人々の人種のことなど、つゆほども気にかけませんでした。中世を通してたびたび生じた境界線の変動にしても、いかなる民族誌学的傾向とも無関係でした。カペー朝の一貫した政策が、フランスの名の下に旧ガリアの領土をほぼ一つにまとめることに成功したのだとしても、それはこれらの地方が同胞と合流しようとする傾向を持っていたからではありません。ドーフィネ、ブレス、プロヴァンス、フランシュ＝コンテなどの地方は、もはや共通の起源を心にとどめていませんでした。およそガリア人意識というものは、紀元二世紀以来、姿を消してしまったのであり、今やガリア的性格に固有の特徴を再発見するには、学識の力を借りるしかないのです。

そういうわけで、民族誌学的な動機は近代的国民の形成とはまったく無縁でした。フランスはケルト系であり、イベリア系であり、ゲルマン系です。ドイツはゲルマン系であり、ケルト系であり、スラヴ系です。イタリアは民族誌学を最も困惑させる国です。そこでは、ガリア人、エトルリア人、ペラスゴイ人、ギリシア人、その他数多くの要素が、判別しがたいまでに混血を重ねています。ブリテン諸島は、全体として見ればケルト系の血とゲルマン系の血が混ざり合っていて、その割合を確定するのは非常に困難です。

実際のところ、純血の人種など存在せず、政治を民族誌学的分析によって基礎づけるのは、政治を妄想に委ねるのに等しいことです。イギリスやフランスやイタリアといった最も高貴な国々は、最も混血が進んだ国です。この点でドイツは例外でしょうか。ドイツは純粋なゲルマン系の国なのでしょうか。何という幻想でしょう！　ドイツの南部一帯はガリア系でした。エルベ川から東はすべてスラヴ系です。では、ここは間違いなく純血だと言われている地域は、本当に純血なのでしょうか。ここでわれわれは、それについて明晰な観念を持ち、誤解を避けることが何よりも重要な問題の一つに直面しているのです。

人種をめぐる議論には際限がありません。というのも、人種という言葉は、文献学的歴史学者と生理学的人類学者では、まったく異なる意味で理解されているからです[1]。人類学者にとって、人種は動物学と同じ意味を持っており、現実の血統、血のつながりを指しています。ところが、言語や歴史の研究では、生理学と同じように人種を分類するわけにはいきません。短頭だの長頭だのといった言葉〔一九世紀には人類学者の間で、諸人種を序列化するために頭蓋骨を収集・分類することが流行した〕は、歴史学や文献学では存在する余地がないのです。アーリア系の言語や規律を創出した人間集団には、すでに短頭と長頭が見られました。セム系と言われる言語や制度を創出した原始集団についても、同じことを言わなければなりません。言い換えれば、人間の動物学的起源は、文化や文明や言語の起源よりはるかに古いのです。原始アーリア人、原始セム人、原始トゥラン人の集団には、いかなる生理学的な統一性も見られません。これらの集団はある特定の時期、おそらく一万五〇〇〇年から二万年前に出現した歴史的所産であるのに対して、人間の動物学的起源は計り知れない歴史の闇にまぎれています。文献学ならびに歴史学においてゲルマン人種と呼ばれているものは、たしかに人類のなかで明確に区別される一族です。しかし、それは人類学的な意味での一族なのでしょうか。全然違います。歴史上、ゲルマン的な個性が出現したのは、イエス＝キリストの生誕のわずか数世紀前にすぎません。ゲルマン人はこの時期に誕生したのではなさそうです。それ以前には、スキタイ人の曖昧模糊とした大集団のなかにスラヴ人とともに溶け込んでいたので、これといった個性を持ち合わせていませんでした。イギリス人は、たしかに人類全体のなかで一つの類型をなしています。けれども、まことに不適切なことにアングロ＝サクソン人種[2]と呼ばれているものの類型は、カエサル時代のブリトン人でもなく、ヘンギスト〔五世紀頃にアングロ＝サクソン人のブリタニア移住を率いたとされる〕の時代のアングロ＝サクソン人でもなく、クヌート〔一一世紀のイングランド王〕の時代のデーン人でもなく、ウィリアム征服王時代のノルマン人でもありません。それは、これらすべてから生み出されたものです。フランス人は、ガリア人でもなく、フランク人でもなく、ブルグント人でもありません。それはフランス王の采配の下、多種多様な要素をごちゃ混ぜにして発酵させた大釜から出てきたのです。ジャージー島やガーンジー島〔いずれもノルマンディ沖の島〕の住民は、その出自に関しては、対岸のノルマンディの住民と何ら変わるところがありません。一一世紀には、どんな慧眼の士でも、この水路の両岸にほんのわずかな差異すら見つけ出すことができませんでした。取るに足らない事情から、フィリップ尊厳王は、これらの島を、ノルマンディの他の地域とひとまとめにして奪い取りませんでした。七〇〇年近くも分離されてきたため、二つの住民は互いに疎遠であるばかりか、まったく似ても似つかないものになっていたのです。だから、人種とは、われわれ歴史家が理解しているとおり、作られたり壊されたりするものです。人種の研究は、人類の歴史に関心を持っている学者にとってはきわめて重要ですが、それを政治に応用することはできません。ヨーロッパの地図を作製する際に働いていた本能的な意識は、人種のことなど少しも考慮に入れませんでした。ヨーロッパの最初の諸国民は、本質において混血の国民なのです。

（1）この点についてはある講演〔「歴史学に対する文献学の寄与」〕で敷衍しており、一八七八年三月一〇日のフランス学術連盟会報でその分析を読むことができる。

（2）ゲルマン的要素というものは、アルザスとメスを領有していた時代のフランスと同じように、イギリスにおいてもそれほど重要ではなかった。ゲルマン語がブリテン諸島で支配的だったのは、ガリア人の間で生じたように、ラテン語がケルト系の言語に完全に取って代わることがなかったからでしかない。

　そういうわけで、人種という事実は、当初こそ決定的な意味を持っていましたが、その後は重要性を失っていくばかりでした。人間の歴史は動物学とは根本的に違います。人間の歴史においては、齧歯《げっし》類やネコ科と違って人種がすべてではありません。世界中で人々の頭蓋をなでまわしては、胸ぐらをつかんで、「おまえにはわれわれの血が流れている。おまえはわが一族に属する！」などと言う権利はないのです。人類学的特徴はさておき、理性、正義、真理、美など、万人にとって同一のものはあります。ことほどさように、民族誌学的政策には信を置けません。今日他人にその政策を適用すれば、明日はわが身に跳ね返ってくるでしょう。民族誌学の旗印をこれほど高く掲げたドイツ人ですが、今度はスラヴ人がザクセンやラウジッツにある村の名前を調査しに来て、そこにヴィルツ人やオボトリート人（いずれもドイツ東部のスラヴ系民族）の痕跡を探し出し、オットー朝の王が自分たちの祖先に対して行った大虐殺と人身売買について補償を求めることはない、と言い切れるでしょうか。忘れることができるのは、誰にとってもよいことなのです。

私は民族誌学が大好きです。こんなに面白い学問も珍しいでしょう。けれども、私はこの学問が自由であることを望むだけに、政治への応用は避けてほしいのです。民族誌学においても、あらゆる研究と同じように、その体系は変化します。それは進歩の条件です。となると、国民もまたその体系とともに変化するのでしょうか。そうだとすれば、学問の変化に伴って国境線も変化することになります。愛国心は、多かれ少なかれ矛盾を孕んだ論文に振り回されるようになるでしょう。愛国者に向かって、次のように言うことになるのです。「あなたは間違っていた。あなたはかくかくしかじかの大義のために血を流した。自分がケルト人だと思っていたからだ。でも、違うんだ、あなたはゲルマン人だったんだ」。そして、一〇年後には、本当はスラヴ人だったのだ、と告げに来るのです。学問を歪曲しないために、数多くの利害が絡んだこのような問題には意見を表明しなくてもよいことにしましょう。学問が外交に判断材料を提供する義務を負わされると、迎合の現行犯で幾度となく取り押さえられることになるのは目に見えています。学問には他になすべきことがあります。学問には、ただ真理だけを求めましょう。

(2)　人種について述べてきたことは、言語についても言わなければなりません。言語は人々を結集へと誘《いざな》いますが、それを強制するわけではない。アメリカ合衆国とイギリス、スペイン語圏アメリカとスペインは、同じ言語を話しながらも単一の国民を形成してはいません。逆に、スイスは実にうまくできていて、多様な部分の合意によって形成されたため、三つないし四つの言語が存在します。人間には言語に勝るものがある。それは意志です。地域言語の多様性にもかかわらず統一を求めるスイスの意志は、しばしば屈辱的な思いをして獲得した類似性よりはるかに大切なのです。

フランスにとって名誉なのは、強制的手段によって言語の統一を手に入れようとは決してしなかったことです。言語が違っていたら、同じ感情や思想を抱いたり、同じものを愛したりすることは不可能なのでしょうか。国際政治を民族誌学に依拠させることの不都合については、今しがた述べたところです。国際政治を比較文献学に依拠させても、やはり不都合が生じるでしょう。これらの興味深い研究には、自由闊達な議論をしてもらおうではありませんか。その平穏をかき乱すような問題に巻き込むことは慎みましょう。言語に与えられている政治的重要性は、言語を人種の表徴と見なすことに由来します。これ以上の誤りはありません。プロイセンは現在ではドイツ語しか話さないが、数世紀前にはスラヴ語を話していた。ウェールズでは英語を話している。ガリアとスペインではアルバ・ロンガ〔ローマ南東の古代都市国家〕の原初的な地域言語を話している。エジプトではアラビア語を話している。こうした例はいくらでも挙げられます。そもそもの最初から、言語の類似性は人種の類似性を意味していたわけではないのです。原始アーリア部族あるいは原始ユダヤ部族を取り上げてみましょう。そこには主人と同じ言語を話す奴隷がいましたが、たいていの場合、奴隷は主人と異なる人種に属していました。繰り返して言えば、インド＝ヨーロッパ語、セム語、その他の言語といった分類は、比較文献学の実に見事な洞察によって打ち立てられたものですが、人類学上の分類とは一致しません。言語は歴史的に形成されたのであり、それを話している人々の血筋に関してはほとんど何も教えてくれません。いずれにせよ、生死をともにする家族を決めなければならないような場面で、言語が人間の自由を拘束することはありえないでしょう。

ひたすら言語に注目するこの考え方には、人種にこだわりすぎるのと同じように、それ特有の危険や弊害があります。度が過ぎると、国民的と見なされた一定の文化のなかに閉じこもり、身動きがとれずに引きこもってしまうのです。人類という広野で吸い込んでいた大気に別れを告げ、同胞だけが集う秘密会合から出てこなくなるのです。精神にとってこれほど有害なこと、文明にとってこれほど嘆かわしいことはありません。人間はあれこれの言語に囲い込まれる以前に、あれこれの人種の一員や、あれこれの文化の成員である以前に、理性的かつ道徳的な存在である――この基本原理を手放さないようにしましょう。フランス文化、ドイツ文化、イタリア文化より以前に、人間の文化が存在するのです。ルネサンスの偉人たちを見てください。彼らはフランス人でもイタリア人でもドイツ人でもありませんでした。古代に親しく接しているうちに、人間精神の真の教育の秘密を再発見し、それに身も心も捧げたのです。しかも、何と立派に成し遂げたことでしょう！

(3) 近代的な国民性を確立するにあたって、宗教も十分な基礎を与えることはできないでしょう。宗教は当初、社会集団の存在そのものに由来していました。社会集団は家族の延長でした。宗教や祭礼は、家族の祭礼でした。アテナイの宗教は、アテナイ自体への崇拝であり、その神話上の建国者、法律、慣習への崇拝だったのです。それはいかなる教義神学も意味していませんでした。この宗教は、言葉の真の意味で、国家宗教でした。その実践を拒む者はアテナイ人ではなかったのです。結局のところ、それは人格化されたアクロポリスへの崇拝でした。アグラウロス[1]〔ギリシア神話の人物で、アテナイの初代の王ケクロプスの娘。アクロポリス山上に祀られている〕の祭壇に誓うことは、祖国のために死ぬという誓いを立てることでした。この宗教は、わが国におけるくじ引きによる兵役、あるいは国旗への崇拝と同じ意味を持っていたのです。こうした崇拝に参加するのを拒むのは、近代社会で兵役を拒否するようなものでした。それは自分がアテナイ人ではないと宣言するのに等しいことでした。その一方で、このような崇拝がアテナイ以外の者にとっては何の意味もなかったことは明らかです。だから、外国人を勧誘して無理に引きずり込もうとはしませんでしたし、アテナイの奴隷もこの崇拝を実践していませんでした。中世の若干の小共和国でも事情は同じでした。聖マルコに誓いを立てない者はよきヴェネツィア人ではなかったし、聖アンデレを天上の聖人の最上位に置かない者はよきアマルフィ人ではありませんでした〔マルコは福音書の著者で、ヴェネツィアの守護聖人。アンデレは十二使徒の一人で、中世イタリアのアマルフィ共和国の守護聖人〕。これらの小社会では、後世には迫害や暴政と見なされるようなことでも正当とされました。それは、われわれが家長の誕生日を祝ったり、家長に新年の挨拶をしたりするのと同じく、取るに足らないことだったのです。

（1）アグラウロスとはアクロポリスそのものであり、祖国を救うために身を捧げたのである。

スパルタやアテナイでは正しいとされたことでも、アレクサンドロスの征服から誕生した諸王国ではそうではありませんでしたし、ましてローマ帝国にあってはまったく通用しませんでした。顕神王アンティオコス〔セレウコス朝シリアの王〕がオリエント世界をユピテル崇拝に導こうとして迫害に訴えたこと、ローマ帝国がいわゆる国家宗教を維持しようとして迫害に訴えたことは、過ちであり、犯罪であり、実に愚かなことでした。今や状況は明々白々です。画一的な信仰を持った大衆など、もはや存在しません。各人が自分に可能なことを、思うがままに、自分なりに信仰し、実践しています。もう国家宗教は存在しません。カトリックでも、プロテスタントでも、ユダヤ教徒でも、あるいはいかなる信仰も持たずとも、人はフランス人や、イギリス人や、ドイツ人であることができるのです。宗教は個人的な事柄になったのであり、もっぱら各人の良心に関係します。カトリックかプロテスタントかで国民を区別することはもうありません。今から五二年前〔一八三〇年〕、ベルギーの成立においてあれほど重要な要素だった宗教は、各人の心の奥底では面目を保っているものの、人々の間に境界線を引くだけの大義名分は、ほぼ完全に失ってしまったのです。

(4) 利害の共通性は、まぎれもなく人間を結びつける強力な絆ではあります。とはいえ、利害だけで一つの国民を作るのに十分でしょうか。私はそうは思いません。利害の共通性から、通商条約くらいは成立するでしょう。しかし、国民という存在には感情の側面があります。それは魂でもあり、身体でもあるのです。ドイツ関税同盟は祖国ではありません。

(5) 地理、すなわち自然的国境と呼ばれているものは、たしかに国民の分割において重大な役割を果たしています。地理は歴史の根本的要因の一つです。河川はさまざまな人種を運び、山岳はその行く手を阻《はば》みました。前者は歴史の流れを助長し、後者はそれを制限しました。しかし、だからといって、いくつかの党派が信じているように、国民の境界線は地図上に書き込まれており、その輪郭の一部を整えるために、すなわち先験的に一種の境界線として機能すると目されたあの山やこの川を取り込むために、必要なものを手に入れる権利がこの国民にある、と言えるでしょうか。こんなにも身勝手で有害な学説は見たことがありません。この学説によれば、どんな暴力でも正当化されることになります。まずもって、この自然的国境なるものを形作っているのは、山なのか、それとも川なのか。山が分離するものであることは明白ですが、川はむしろ結びつけるものです。さらに言えば、どんな山でも諸国家を切り分けられるわけではありません。では、どれが分離する山で、どれが分離しない山なのでしょうか。ビアリッツ〔フランスとスペインの国境付近の町〕からトルネア〔フィンランドとスウェーデンの国境付近の町〕に至るまで、境界線としての性格がひときわ色濃い河口があるわけではありません。歴史が望んでいたら、ロワール川、セーヌ川、ムーズ川、エルベ川、オーデル川なども、ライン川と同じように、自然的国境としての性格を帯び、人間の意志という根本法をひどく侵害していたことでしょう。戦略的な理由を持ち出す人もいます。絶対と言えるようなものは存在しないので、必要に対しては多くの譲歩をしなければならないことは明らかです。しかし、そうした譲歩も行き過ぎてはなりません。さもなければ、誰もかれもが自分の軍事的都合を声高に主張して、終わりなき戦争を招くことになるでしょう。いいえ、国民を作るのは人種でもなければ、土地でもありません。土地は基盤を、闘争と労働の場を提供し、人間は魂を提供します。人民と呼ばれるこの神聖なものを形成するにあたっては、人間がすべてです。物質的なものだけでは不十分なのです。国民とは、歴史の複雑な綾から生み出された一つの精神的原理であり、一つの精神的家族なのであって、地形によって決定された集団ではありません。

これまでのところでは、こうした精神的原理を作り出すには十分でないもの、すなわち人種、言語、利害、宗教的類似性、地理、軍事的必要について見てきました。では、このうえさらに何が必要なのでしょうか。前に述べたことからも明らかなので、もうそれほど時間を取らせないつもりです。

Ⅲ

国民とは魂であり、精神的原理です。本当は一つである二つのものが、この魂、この精神的原理を構成しています。一つは過去に、もう一つは現在にあります。一方は豊かな記憶の遺産の共有であり、他方は現在の同意、ともに生きたいという願望、共同で受け取った遺産を活用し続けようとする意志です。人間というものは、皆さん、行き当たりばったりに作られるものではありません。国民も個人と同じで、長きにわたる過去の努力と犠牲と献身の賜物なのです。祖先を崇拝するのは至極当然です。祖先が現在のわれわれを作り出したからです。偉人と栄光（正真正銘の栄光のことです）に満ちた英雄的な過去、それこそが国民の観念の拠って立つ社会的資本です。過去においては共通の栄光を、現在においては共通の意志を持つこと、ともに偉業を成し遂げ、さらなる偉業を成し遂げようとすること、これが一つの人民であるために必要不可欠な条件です。人はみずからが同意した犠牲の大きさに応じて、耐え忍んだ苦痛の大きさに応じて愛するものです。自分で建て、遺していく家をこそ愛するものです。「今日のわれらは汝のかつての姿、明日のわれらは汝の今日の姿」というスパルタの歌は、その単純さにおいて、あらゆる祖国の簡明な賛歌になっています。

　過去には共有すべき栄光と悔恨の遺産を、未来には実現すべき同一の計画を持つこと、ともに苦しみ、喜び、望んだこと――これこそが共通の税関や戦略的思考に沿った境界線より価値あるものです。人種と言語の多様性にもかかわらず、人々はそのことを理解します。私は今「ともに苦しんだ」と言いました。そうです、共通の苦しみは喜び以上に人々を結びつけるものです。国民的記憶に関しては、大きな悲しみは勝利より価値があります。それは義務を課し、共通の努力を命じるからです。

　国民とは、したがって、人々がこれまで払ってきた犠牲、これからも払うつもりでいる犠牲の感情によって成り立っている大いなる連帯です。それは過去を前提としますが、明白な事実によって現在のうちに凝縮されています。すなわち、共同生活を続けていくという、はっきりと表明された同意であり願望です。個人の存在が生命の絶えざる肯定であるのと同じように、国民の存在は（この隠喩を使わせてもらえば）日々の人民投票である。ああ、私は知っています。それは神授権ほど形而上学的でもなければ、いわゆる歴史的権利ほど乱暴でもありません。私がここで提示した考え方に従うなら、国民は王と同じく、ある州に対して「おまえは私のものだ、私はおまえを手に入れる」などと言う権利はないのです。州とは、われわれにとって、住民のことです。この問題に関して意見を聞いてみるべき者がいるとすれば、それは住民です。ある地方をその意に反して併合したり引き止めたりするのは、国民にとって本当の利益には決してなりません。結局のところ、国民の意向こそが唯一の正当な判断基準であり、つねにそこに立ち返らなければならないのです。

　われわれは形而上学的で神学的な抽象論を政治から追い払いました。その結果、何が残るでしょうか。人間が、その願望と欲求が残ります。あるいはこうおっしゃるかもしれません。諸国民の分離独立、そしてついには諸国民の断片化が生じるのは、このように多年を経た有機体が、しばしばあまり賢明ではない意志に翻弄されてしまう仕組みのせいではないか、と。こういった事柄に関しては、どんな原理であれ極端に推し進めてはならないことは明らかです。この種の真理は、大まかに、きわめて一般的なかたちで適用しうるにすぎません。人間の意志は変化します。しかし、世の中に変わらないものなどあるでしょうか。国民は永遠のものではありません。始まったからには、終わるでしょう。いずれヨーロッパ連邦が国民に取って代わることになるのでしょう。けれども、それはわれわれが現に生きている時代の定めではありません。今のところ国民はよいものであり、必要でさえあります。諸国民の存在は自由を保証するものであり、もし世界に一つの法と一人の主人しか存在しなかったなら、この自由は失われてしまうでしょう。

　諸国民は、ときに対立することもある多様な能力によって、文明の共同作業に従事しています。すべての国民は、この人類の大演奏会で各々の音を奏でているのであり、結局、それこそがわれわれの達成しうる最高の理想的現実です。一つひとつを見れば、諸国民はそれぞれの弱点を抱えています。私はよくこんなふうに思うのです。いくつもの欠点を抱えているのに、それが国民のなかでは長所と見なされているような個人、むなしい栄光に浸っている個人、かくも嫉妬深く、利己的で、すぐに喧嘩を始めるような個人、剣を抜くことなしには何事も辛抱できない個人――これほど耐えがたい人間は他にいないでしょう。しかし、そうした些細な不協和音は、全体のなかではことごとく消え去ってしまうのです。哀れな人類よ！　これまでどんなに苦しんできたことか！　これからもどれほどの苦難が待ち構えていることか！　叡智の精神の導きによって、その前途に敷き詰められた無数の危険から守られんことを！

　皆さん、そろそろまとめたいと思います。人間というものは、みずからの人種や言語や宗教、河川の流れや山脈の向きの奴隷ではありません。健全な精神と熱い心をそなえた大きな人間集団が、国民と呼ばれる道徳意識を作り出します。この道徳意識が、共同体のために個を放棄することが求める数々の犠牲によってその力を示しているかぎり、国民は正当なものであり、存在する権利があります。境界線をめぐって疑念が生じたときには、係争地の住民の意見を聞いてください。彼らはその問題に関して意見を持つ権利が十分にあります。こんなことを言うと、政治の世界の超越論者たちは苦笑するでしょう。これら無謬の人々は、自分を欺《あざむ》きながら生きていて、彼らの高尚な原理の高みから、われわれ地上の人間を憐れむのです。「住民の意見を聞くだなんて、いやはや！　何という無邪気さだ！　外交と戦争を子供っぽい単純な手段で置き換えようなどというのは、それこそ貧弱なフランス的発想というものだ」。待ちましょう、皆さん。超越論者たちの支配をやりすごしましょう。強者の蔑《さげす》みを耐え忍ぶ術《すべ》を心得ましょう。おそらく、むなしい試行錯誤を重ねたのちに、われわれのささやかな経験的解決策に立ち戻ることになるのです。未来において正しくあるための手段とは、ある時期には時代遅れに甘んじる術を弁《わきま》えていることなのです。

訳者解説

I　ルナンの『国民とは何か』

ルナンの生い立ち

エルネスト・ルナン（Ernest Renan）（一八二三―九二年）は、一八二三年、フランス北西部に位置するブルターニュ地方トレギエに生まれた[1]。五歳のときに父を亡くしてからは、姉アンリエットが一家の精神的支柱となり、エルネストはこの最良の理解者の助力を得て、パリの神学校に進む。神学者を志したが、合理的な聖書解釈や言語学・文献学の手法を学ぶうちに、カトリック信仰への疑念がきざし、ついには神学者の道を断念するに至った。とはいえ、宗教そのものへの関心を失ったわけではない。ヘブライ語、シリア語、アラム語などの古代言語に習熟したルナンは、比較文献学を踏まえた「科学的」見地から、キリスト教を中心とする宗教史を描き出そうとしたのである。『キリスト教起源史（*Histoire des origines du christianisme)*』全七巻（一八六三―八三年）および『イスラエル民族史（*Histoire du peuple d'Israël)*』全五巻（一八八七―九三年）は、この分野における記念碑的作品と見なされている。

一八六〇年には、ナポレオン三世がパレスチナに派遣した考古学調査団を率いて一神教誕生の聖地を訪れ、『イエスの生涯（*Vie de Jésus)*』（一八六三年）――『キリスト教起源史』の第一巻にあたる――の構想を練った。帰国後、コレージュ・ド・フランスのヘブライ語教授に任命されたが、一八六二年の開講講義で、イエスは神ではなく「比類なき人間」であると発言したことが物議を醸し、講義は中止に追い込まれた。教授職を解かれたルナンが復職するには、第二帝政崩壊を待たねばならない。しかし、一八六三年に刊行された『イエスの生涯』は、カトリック陣営からの強い反発を招きながらも、たちまち大ベストセラーとなり、著者の名声を確固たるものにした。

普仏戦争（一八七〇―七一年）の敗北は、ルナンにとって大きな転機となった。第二帝政の崩壊、パリ・コミューンの騒擾、アルザス・ロレーヌ割譲と、フランスの政治的悲劇を目の当たりにした宗教史家は、にわかにナショナリストの相貌を色濃く帯びてくるのだ。敗戦直後に刊行された『フランスの知的・道徳的改革（*La réforme intellectuelle et morale de la France)*』（一八七一年）では、フランスの敗因を物質主義の蔓延と道徳的頽廃、浅薄な民主主義に求め、かつてナポレオンに敗れたドイツがいかにして復活を遂げたかを手本に、政治、軍事、教育など多方面に及ぶ改革を訴えている。その後のルナンは、一八九二年に没するまで、ライフワークとも言うべき宗教史研究に取り組む一方で、第三共和政の主導的な思想家として、政治的・時事的発言を厭《いと》わなかった。

『国民とは何か』という書物

本書『国民とは何か』は、一八八二年三月一一日にソルボンヌで行われた講演の記録である。対独復讐が外交上の争点となる折から、ルナンの狙いがフランス人の国民的一体感を呼び覚ますことにあったことは間違いないが、一読して明らかなように、これは愛国者の咆哮からは程遠い、非常に緻密かつ戦略的に練り込まれたテクストである。この講演を収録した論文集が刊行された際、ルナンは序文でこのテクストの重要性に言及し、「私は最大限の注意を払って言葉の一つひとつを選んだ」（Renan 1887, p. ii）と述べている。われわれもまた、細心の注意を払ってルナンのテクストを読み、その背後に広がるコンテクストに目を凝らす必要があるだろう。まずはその内容を簡単にパラフレーズしてみたい。

最初にルナンは、人類の歴史を遡り、古代世界に存在していたのは「自治都市の共和国や王国、地域共和国の同盟、あるいは帝国」であって、「国民」の登場は比較的新しい出来事であると言う。ローマ帝国の分裂後、ゲルマン民族の侵攻とともに国民意識の基礎がもたらされた。ルナンによれば、そこで「住民の融合」が図られたことが重要である。ゲルマン人の征服者は、被征服者の宗教であるキリスト教を採用し、自分たちの言語をも放棄したことで、やがて征服者と被征服者の区別がつかなくなった。「忘却」こそ「国民創造に不可欠な要因」である。ゲルマン人の習俗は粗暴であり、征服は乱暴に行われたにもかかわらず、何世代かの後には、征服者も被征服者も起源の暴力を忘却することによって、一つの国民へと統一されたのである。「国民の本質とは、すべての個人が多くのものを共有していること、それと同時にすべての個人が多くのものを忘れていることにあります」。その意味で歴史研究の進歩は、起源に存在した暴力と分裂状況を思い出させるので、国民の存在を危うくする可能性があることをルナンは指摘している。

さて、こうした国民統一の事業は、フランスやイギリスでは王朝によって実現されたため、王朝の終わりは国民の終わりだと見なされることもあるが、ルナンは王朝と国民を同一視する議論を否定する。スイスやアメリカ合衆国のように最初から王朝を持たない国もあるし、フランスの場合も、王朝的原理から「古代の精神に、自尊の感情に、権利の観念に回帰」するという「果敢な手術」によって、王朝なしで国民を維持することに成功したからである。さらにルナンは、しばしば国民を基礎づける要因とされるもの——人種、言語、宗教、利害関係、地理（自然的国境）、軍事的必要――を順次検討に付し、それらが国民を生み出すには不十分であることを論証していく。人種の同一性は、古代の部族や都市でこそ決定的な重要性を持っていたものの、以後の歴史は住民の融合と混淆の連続であり、もはや純血の人種など存在しない。「ヨーロッパの最初の諸国民は、本質において混血の国民なのです」。言語は誤って「人種の表徴」と見なされ、政治的意味を与えられているが、言語の境界線と国民のそれが一致しないことは明らかである。宗教についても「国家宗教」の時代は過ぎ去り、今では個人の良心に関わる事柄となった。利害の共通性は国民を結びつける感情的紐帯としては弱すぎるし、自然的国境や戦略的理由は恣意に流れる。では、いったい何が国民を国民たらしめるのだろうか。

「国民とは魂であり、精神的原理です」。国民という魂を形作っているのは、一つには過去の栄光と悔恨の記憶であり、また一つにはともに生きていこうとする意志である。この二つが現在のうちに凝縮され、「国民の存在は日々の人民投票（un plébiscite de tous les jours）である」というよく知られた一節に表現される。これこそがルナンの考える国民の原理であり、国境線をめぐる紛争もこれに従って解決されなければならない。「境界線をめぐって疑念が生じたときには、係争地の住民の意見を聞いてください」。ここでルナンの念頭にあったのが、普仏戦争後ドイツに編入されたアルザス・ロレーヌであったことは言うまでもない。そして講演を締め括るこの訴えが、少なからぬ聴衆の琴線に触れたであろうことも想像に難くない。

普仏戦争とアルザス問題

こうしてルナンは、主意主義的な国民概念の定礎者として今日まで記憶されることになった。とはいえ、住民の意志を重視する国民観自体は、必ずしもルナンの独創というわけではない。その一例として、『古代都市』で知られる歴史家フュステル・ド・クーランジュ(Fustel de Coulanges)(一八三〇―八九年)の議論を取り上げてみよう。普仏戦争のさなか、アルザスが係争の地となるに及んで、「アルザスはドイツに属するのか、フランスに属するのか」という一文を草したフュステルは、ドイツの歴史家テオドール・モムゼン(Theodor Mommsen)(一八一七―一九〇三年)に反論しつつ、国民の本質に触れている。

ドイツ側の主張の根拠は言語にあった。「アルザスはドイツ語を話している。ゆえに、ドイツはこの地を奪取できる、という結論をあなたは導き出す」(Fustel de Coulanges 1870, p. 5)。モムゼンはこれを「国民性の原理」と称しているが、それは人種の同一性を理由に強力な国家に征服の権利を与えることに等しく、現代ヨーロッパにあってはとうてい受け入れがたい主張である。「あなたは、その住民がゲルマン人種で、その言語がドイツ語であることをもって、アルザスがドイツの国民性を有することを証明したつもりになっている。しかし、あなたほどの歴史家が、人種も言語も国民性を形成するものではないことに知らぬふりをしているとは驚きである」(ibid., p. 8)。

フュステルの考えでは、人種はすでに原初の特徴をそなえておらず、国家や国民はむしろ地理的・政治的・経済的要因によって形成される。国民と人種を対応させるなら、ベルギーはフランスに、ポルトガルはスペインに、オランダはプロイセンに帰属することになる一方、スコットランドはイギリスから分離され、ロシアやオーストリアやスイスはいくつかの地域に解体され、ポズナンはベルリンと切り離されることになるだろう。これは世界再編にほかならない。言語の同一性を基準にして国民性を定めても、やはり不条理に陥るだろう。フランスやスイスの言語は一つではないが、そこには国民的一体性も愛国心も欠けていない。アメリカ合衆国は英語を使用しているからといってイギリスに復帰しなければならないのだろうか。モムゼンはストラスブールでドイツ語が話されていると得意げだが、「ラ・マルセイエーズ」が最初に唱和された地こそストラスブールではなかったか。

こうして人種と言語——民族誌学と文献学——を斥けたフュステルは、国民の基底に「観念、利益、愛情、記憶、希望の共同体」(ibid., p. 10)を見出す。祖国とは愛の対象である。その意味でアルザスをフランスにつなぎとめたのは、ルイ一四世ではなくフランス革命であり、そこから喜怒哀楽の共有が始まったのである。「アルザスはわれわれの勝利と敗北を、栄光と過ちを、喜びと苦しみをともにしてきた」(ibid., p. 11)。このような心情的な絆があるからこそ、ストラスブールはドイツの野蛮な攻撃によく抵抗しえているのである。

　フュステルはモムゼンが「卓越した歴史家」であることを認めたうえで、しかし現在について語るには過去にばかり目を向けてはいられないと釘を刺す。「人種は歴史に属するものであり、過去に属するものである。言語もまた遠い過去の名残であり、その痕跡である。現実的で生き生きとしているもの、それは意志、観念、利益、愛情である」(ibid., p. 14)。ここで何よりも重視されているのは、人々の意志である。「われわれの手にしている原理によれば、住民はみずからが自由に受け入れた制度によってのみ統治されうるのであり、みずからの意志と自由な同意によってのみ国家の一員となるのでなければならない。これこそが現代の原理である」(ibid., p. 15)。したがって、アルザスの帰属問題に関してフュステルが導く結論はこうなる。「アルザスがフランスのものであり、フランスに留まるとしたら、それはとりもなおさずアルザスがそう望んだからである。いつかアルザスが何らかの理由でドイツの一部でありたいと望むようなことがあれば、そのときにのみ、あなたはアルザスをドイツのものにできるだろう」(ibid.)。

　ルナンの読者は、人種や言語にもとづく国民の定義を峻拒したうえで、歴史の共有を前提としつつ、最終的に住民の意志を特権化するフュステルの議論が『国民とは何か』とほとんど同一のロジックに貫かれていることに気づくだろう。とはいえ、フュステルの関心はもっぱらアルザスの帰趨に向けられていたので、おのずと議論の射程は限定的にならざるをえなかった。他方、ルナンのテクストはアルザス問題を紙背に潜在させながら、より普遍的な水準に定位した国民概念を打ち出すことで、かえってパフォーマティヴな効果を上げることに成功しているのである。

II　フィヒテとルナン

フィヒテの国民論

人々の帰属意志を重視する国民概念は「開かれた」、「リベラルな」ものであり、フランス革命によって世界に先駆けて人民主権を樹立したフランスにふさわしい国民観である。そのことは「遅れてきた国民」（プレスナー）であるドイツのそれ、典型的にはヨハン・ゴットリープ・フィヒテ（Johann Gottlieb Fichte）（一七六二―一八一四年）が『ドイツ国民に告ぐ』で提起した国民概念と対照してみれば一目瞭然である――以上のような理解がこれまで一般に流布してきた。[2] この点について少し検討してみよう。

『ドイツ国民に告ぐ』は、一八〇七年一二月から翌年三月にかけて、ナポレオン占領下のベルリンで行われた全一四回の連続講演の記録である。普仏戦争の敗北がルナンのソルボンヌ講演に大きな影を落としていたように、フィヒテのテクストにはナポレオン戦争におけるドイツの敗北という出来事が生々しく刻印されている。この講演の目的は「打ちひしがれた人々に勇気と希望を与え、深い悲しみのなかに喜びを予告し、最大の窮迫のときを容易に乗り超えるようにすること」（Fichte 2005, S. 115／二〇頁。外国語文献からの引用については原典を参照のうえ訳文を一部改変している場合がある（以下同様））にあった。利己主義ゆえに身を滅ぼしたドイツ人がもう一度再生するために、何よりも必要なのは抜本的な教育改革だとフィヒテは訴える。人間それ自身を作り出す新しい教育――「人間のなかに強固で間違いない良い意志を作るという、確実で思慮ある技術」（Ebd., S. 119／二六頁）――は、特定の身分を対象とした「民衆教育（Volkserziehung）」ではなく、ドイツ人全体に開かれた「国民教育（Nationalerziehung）」でなければならない。フィヒテはそのような信念のうえに立って、体育や職業教育から道徳教育、宗教教育までを射程に収めつつ、種々の具体的提言と哲学的思弁を織り交ぜた教育思想を展開しているのである。このテクストがドイツ・ナショナリズムの精神史において重要な位置を占めているのは、「根源的言語（Ursprache / ursprüngliche Sprache）」を保持する「根源的民族（Urvolk /

ursprüngliche Volk)」としてドイツ人を規定したことによる。

フィヒテによれば、ゲルマン系諸民族のなかの一種族であるドイツ人は、祖先の言語を純粋なまま維持しているのに対して、それ以外の諸種族は外国語（ラテン語）を取り入れていった。このことは民族の形成に大きな影響を与えずにはいなかった。「言葉が人間によって作られるよりも、はるかに多く人間は言葉によって作られる」（Ebd., S. 145／五五頁）からである。占領下のプロイセンではすべての出版物に対して検閲が実施されていたので、ナポレオンやフランスを直接に批判することは周到に避けられているが、ここでフィヒテが「生きた言語」を話すドイツ人と「死んだ言語」を話すフランス人を対比していることは明らかである。前者においては、精神的教養が生命のなかに流れ込み、教養階層と大衆は分離することなく、勤勉で真面目で何事にも努力を惜しまない民族性が作り上げられていった。このような「根源的民族」にのみ哲学や詩の営為は可能となる。他方、「死んだ言語」を持つ民族にあっては、精神形成と現実生活が乖離するため、教養階層は大衆を蔑視し、精神的な仕事はたんに天才の遊戯、本性の導きとしか見なされないとフィヒテは言うのである。

こうして「根源的言語」という本質によって規定されたドイツ国民は、ルナンの国民観と比較するとき、多少とも偏狭な色合いを帯びざるをえないだろう。たとえばアラン・フィンケルクロートは「契約としての国民（nation-contrat）」と「精髄としての国民（nationgénie)」を対置し、前者の典型をルナンの議論に、後者の起源をヘルダーの「民族精神（Volksgeist）」の概念に見出している（Cf. Finkielkraut 1987）。この「民族精神」がレイシズムと結びつき、契約主義的な国民観を凌駕して、ナチス流の人種的国民概念を帰結したという見立ては、良くも悪くも単純化ゆえの明快さをそなえている。フィンケルクロートも論じているように、ドイツ・ロマン派に由来する「民族精神」は、ジョゼフ・ド・メストル（Joseph de Maistre）（一七五三―一八二一年）、ギュスターヴ・ル・ボン（Gustave Le Bon）（一八四一―一九三一年）、モーリス・バレス（Maurice Barrès）（一八六二―一九二三年）らによって「フランスの精髄」としても再編されていくので、必ずしもドイツ固有の思想的伝統というわけではないが、この系譜上にフィヒテの「根源的民族」を位置づけるのは容易だろう。

国民と世界市民

他方で、第一義的に教育論である『ドイツ国民に告ぐ』は、当然のことながら人間の可塑性を前提としており、国民を通して世界市民へと至る道程を示していることにも留意すべきである。[3] 市民の基礎を教育に置くドイツ的政治術は、古代ギリシアのように狭隘で排他的なやり方ではなく、「普遍的な世界市民的精神」をもって実践されなければならない、とフィヒテは述べている。全人類のほうが自分たちよりも高尚だと考えることができない国民、あるいは歴史の黄金時代はすでに終わったと信じるような思考法は、フィヒテに言わせれば、断じてドイツ的ではないのである。結局のところ、ドイツ人か否かの根本的な相違は「人間そのものにおける絶対的に第一のもの、根源的なもの、人類の自由、無限の改善性、永遠の進歩」を信じるか否かにある、とフィヒテは明言する。それは、新しいものを創造しながら生きている人々と、派生的なものに甘んじている人々の違いに等しい。

> 精神性とこの精神性の自由を信じ、この精神性の自由による無限の形成を欲する者は、どこで生まれ、どのような言語を話そうとも、われわれの同胞であり、われわれに属しており、われわれに加わることでしょう。停滞と退歩と循環を信じ、死せる自然に世界支配の舵をとらせる者は、どこで生まれようと、どのような言語を話そうとも、非ドイツ的であり、われわれには異質なものです。こういう人々はできるだけ速やかに、また全部が全部、われわれから離れ去ってくれるのが望ましいのです。(Fichte 2005, S. 195-196／一一三頁)

ここでは、ドイツ国民であるための決定的契機は出生地でも言語でもなく、まして血統でもなく、精神のありようとでも言うべきものである。ルナンにとっても国民が一つの精神ないし道徳意識だったことを思い起こすなら、フィヒテとルナンの国民概念のコントラストのみならず、その近さにも目を向けるべきだろう（杉田二〇一四参照）。

ルナンのレイシズム

このことに関わって、ルナンその人の、「リベラル」とは言いがたい別の一面にも留意しなければならない。「国民の存在は日々の人民投票である」という人口に膾炙した一文だけを根拠にして、ルナンの言う国民が諸個人の意志によって出入り自由なものであるかのように考えるのは早計である。国民の精神的原理には、共同生活を続ける意志と並んで「豊かな記憶の遺産の共有」、なかんずく「ともに苦しんだ」経験が必要だとルナンは明言していた。現在における同意の内実とは「共同で受け取った遺産を活用し続けようとする意志」だとすれば、過去の共有こそより基底的であるという解釈も牽強付会とは言えない。実際、共通の文化も伝統も存在しないところで、いかなる意志の表明が可能だろうか。いずれにせよ、現在の意志と過去の継承という二つの要素は、現実には相互補完的に作用するはずである[4]。

『国民とは何か』を離れて、普仏戦争期のルナンの言説に目を向けてみよう。「つねに私は、仏独間の戦争を文明に起こりうる最大の不幸と考えていた」(Renan 1947b, p. 409) と言うルナンは、戦後、両国の和解によるヨーロッパ文明の再建を模索した。そのためにはアルザス・ロレーヌをめぐる対立を解消することが先決となるが、ルナンはフュステルと同じように、人種と言語に依拠したドイツの論理を批判して、係争地の住民の意志を重視すべきだと説く。ドイツの神学者ダーフィト・フリードリヒ・シュトラウス (David Friedrich Strauss)(一八〇八—七四年)に宛てた手紙には、こう書かれている。「われわれの政治は諸国民の権利の政治で、あなたがたのは人種の政治です。われわれは自分たちのものがより優れていると信じています」(Renan 1947c, p. 456)。この発想の延長線上に、人種概念と国民概念を峻別し、民族誌学の政治への応用を戒《いまし》める『国民とは何か』の議論が展開されることになるだろう。

しかしここで注意すべきは、ルナンは決して人種概念や民族誌学の学問的価値自体を否定しているわけではないということである。むしろルナンは生涯にわたって人種に関心を持ち続け、『科学の未来』への序文(一八九〇年)でも「人種の不平等は証明済みである」(Renan 1949, p. 724) と断定しているように、人種間に優劣があることを微塵も疑わなかった。だが、ドイツ流の「人種の政治」を現実の外交政策として追求するなら、幾度となく戦争を繰り返さざるをえない。だからこそ、ドイツを諸国民から成るヨーロッパ——『国民とは何か』の表現を援用すれば、「文明の共同作業」としての、「人類の大演奏会」としてのヨーロッパ――に誘うことが肝要である。「歴史によって作り上げられたヨーロッパの諸国民は、各成員が不可侵の特権を持った巨大な元老院の同輩です。ヨーロッパとは、文明という共通の観念によって結びつけられた諸国家の連邦なのです」(Renan 1947c, p. 455)。

端的に言えば、ルナンにとってヨーロッパは和解の基盤だった。ヨーロッパの内部に文明化の使命という共通の課題を自覚させることで、人種の不平等を対等な国際関係に昇華させること――それはしかし、裏を返せば、「文明の共同作業」と無縁なヨーロッパ外部の世界に対しては、民族誌学的知見あるいは「人種の政治」が有効であるということを意味していた。ヨーロッパとその外部の関係は優等人種と劣等人種の関係に等しく、そこにはヨーロッパの内部で抑圧されたレイシズムの論理が回帰する。ルナンはインド＝ヨーロッパ／セムという「語族」上の区分を人種の差異に横滑りさせながら (Cf. Todorov 1989, pp. 195-211／二二二―二四二頁)、前者のキリスト教文明にとって共存不可能な他者として「セム的精神 (l'esprit sémitique)」を対置している。すでにコレージュ・ド・フランスの開講講義でも、イスラームに対して「ヨーロッパの完全否定」、「狂信」、「科学の蔑視」、「市民社会の抹殺」などと痛罵を浴びせていたが、ここでは普仏戦争後の『フランスの知的・道徳的改革』から看過できない一節を引いておこう。

> 大がかりな植民地化は、まったくもって第一級の政治的必要事である。〔…〕優等人種が劣等人種の国を征服し、その国を支配するためにそこに留まることは、何ら道理に悖《もと》ることではない。〔…〕対等な人種間の征服が非難されなければならないのと同じくらい、優等人種が劣等人種や退化した人種を再生させることは、人類にとって摂理に等しい。〔…〕自然は労働者の人種を作り出した。これが中国人種である。〔…〕大地を耕す人種、これが黒人である。〔…〕主人にして軍人である人種、それがヨーロッパ人種である。(Renan 1947a, p. 390)

リベラルな国民観を提起したとされるルナンが、一面においてまぎれもなくレイシストだったという事実は、あらためて銘記されるべきである。

Ⅲ　その後のナショナリズム研究

近代主義とその批判

ナショナリズムに関する本格的研究は、一九四四年に刊行されたハンス・コーン（一八九一—一九七一年）の大著『ナショナリズムの理念』（Kohn 1944）を端緒とする。「西のナショナリズム（western nationalism）」対「東のナショナリズム（eastern nationalism）」という類型化は大きな反響を呼び、その後もさまざまな二分法《ダイコトミー》のヴァリエーションを生み出すことになった。コーンによれば、イギリスやフランスなどに見られる「西」のナショナリズムは、中産階級を担い手とし、自由と民主主義の発展を目指す合理的な政治運動として展開されたのに対して、ドイツ以東の「東」のナショナリズムは、知識人を担い手とする文化運動として推進され、英雄的な過去の栄光に執着して、国家が個人に優越するところに特徴がある。この「コーン・ダイコトミー」をきっかけにして、国民やナショナリズムには「良い」形態と「悪い」形態があるという二元論的な図式が浸透していく。

　第二次世界大戦後、政治学の領域でのナショナリズム論は概して低調だったが、一九八三年に刊行された三冊の本を皮切りに、国民形成に関する「近代主義」の考え方が広がりを見せた。以降、人類学や歴史学、社会学などの学問分野を横断するかたちで、ナショナリズム研究は活況を呈するようになる。

　まず、アーネスト・ゲルナー（一九二五—九五年）の『国民とナショナリズム』（Gellner 1983）である。ゲルナーは、国民と国民国家の成立を近代化の要請として、すなわち産業社会における文化的均質化の必要性から説明する。農村から都市に流入した人々が工場労働者として生産労働に従事するためには、共通の言語（読み書き能力）や文化、生活習慣が必要となる。この要請に応じられるのは国家以外になく、中央集権的な教育制度によって均質的なコミュニケーション能力が涵養された。国民国家はこうした文化的統合を通して構築された近代の産物だとされる。

ベネディクト・アンダーソン（一九三六―二〇一五年）の『想像の共同体』（Anderson 2006）も同じように、国民やナショナリズムを近代固有の現象として捉えるが、その際に注目しているのは「出版資本主義」である。ラテン語に代わって俗語（国語）で書かれた出版物（新聞や小説）が広く流通するようになると、それまで一度も会ったことのない遠く離れた人々の間に同胞感覚が生まれ、同質的な時間と空間を共有しているように感じられてくる。国民とは「想像されたもの」であり、ルナン風に言えば、現在の意志なり記憶の共有・忘却なりといった意識の所産ということになる。

最後に、エリック・ホブズボーム（一九一七―二〇一二年）が編んだ論文集『伝統の創出』（Hobsbawm and Ranger (eds.) 1983）は、太古から連綿と受け継がれてきたかに見える伝統の多くが、実は近代になって人為的に「創造されたもの」であることを暴き出す。たとえばスコットランドのタータン柄のキルトやバグパイプは、一八世紀から一九世紀にかけて、イングランドやアイルランドとの対抗関係のなかで、意図的に伝統文化として創造されたものだという。このような議論は、国民文化がみずからの由緒正しさを誇示するために纏う「古さ」のヴェールを剝《は》ぎ取り、国民の虚構性・構築性を証明することに寄与するだろう。

こうしてほとんど通説となった感のある近代主義に対して、エスノ・シンボリズムの立場から修正を迫ったのがアンソニー・スミス（一九三九―二〇一六年）である。スミスの主著『国民のエスニックな起源』（Smith 1986）によれば、国民やナショナリズムが近代の産物だとしても、その起源は近代以前に存在していたエスニックな共同体――エトニ（ethnie）――にまで遡り、エトニの保持していた記憶や神話、シンボルといったものが近代的国民の連帯感を基礎づけている。スミスの理論にあっては、国民形成における創造や作為の契機は後景に退き、近代の国民はエトニという実在との連続性において捉えられる。近代主義批判にはもっと極端な形態もあり、国民は太古の昔からいつの時代にも存在してきたと見なす「永続主義」や、国民を超歴史的な存在として自然化する「原初主義」という考え方もある。他方、近代主義の側も論者によって重点の置き方に違いがあり、さらに細分化することが可能である。[5]

二分法を超えて

近代主義の主張とそれに対するアンチテーゼは、しかし、それほど排他的な関係にあるのだろうか。近代主義者にしても国民やナショナリズムが無から構築されたと考えているわけではなく、前近代の文化的要素が国民形成に一定の役割を果たしたことを認めているし、[6]近代主義の批判者も近代以前のエトニなり何なりと近代以降の国民を完全に同一視しているわけではない。国民の形成過程やナショナリズムの発現形態は、時代や場所に応じてあまりにも多様であり、それをたった一つの理論で説明し尽くすというのは、そもそも無理な話である。このように多面的な現象を解きほぐし、その核心に接近するためには、いくつかの視点を補完的に用いていくほかないだろう。[7]

それは同時に、エスニック／シヴィックという二分法の自明性を疑うことでもある。固有の領土、法制度、市民権といったシヴィックな要素と、共通の起源や神話、その土地特有の文化といったエスニックな要素は――「理念型」としては区別可能だとしても――実際の国民形成過程では複雑に絡まり合っている。歴史的現実に即して言えば、「すべての国民は、領域的原則とエスニックな原則、領域的構成要素とエスニックな構成要素の双方の刻印を帯び、社会的・文化的組織のより新しい「市民」モデルとより古い「血統」モデルの不安定な集合になっている」(Smith 1986, p. 149／一七六頁)というスミスの結論は妥当だろう。

この二つの要素の思想史的淵源とされるフィヒテ／ルナンの対比にしても、単純なエスニック／シヴィックの枠組みに収まりきらないことはすでに指摘したとおりである。

一九九〇年代以降の国民国家論は、こうした二分法的思考の限界を踏まえて展開されたと言ってよい。ここでは、デイヴィッド・ミラー（一九四六年生）、ピエール・マナン（一九四九年生）、ドミニク・シュナペール（一九三四年生）の所説を紹介しておこう。ミラーとマナンはそれぞれイギリスとフランスを代表する政治哲学者であり、『試される民主主義』の著者ヤン＝ヴェルナー・ミュラー（一九七〇年生）は、ポスト冷戦期における国民国家の擁護者として、この二人の名前を挙げている（Müller 2011, p. 238／㊦二一八頁）。またフランスの社会学者シュナペールの議論は、エスニック／シヴィックの二項対立を超えて、ただ一つの国民の理念を提示する試みである。

ミラーのリベラル・ナショナリズム

ミラーの理論は、一般に「リベラル・ナショナリズム」と称される、英米圏における新しい潮流に属する。この分野の代表作と目される『ナショナリティについて』は、ゲルナーやアンダーソン、スミスなどの先行研究の成果を摂取しつつ、国民の起源をめぐる歴史社会学的論議には深入りせず、より実際的な――政治学的な――観点から国民であることの意義を確かめようとするものである。

国民であること――ミラーの言葉では「ナショナリティ」――は、決して自然の所産ではないので、外部の観察者の視点に立って、人種や言語といった客観的属性によって国民の範囲を特定することはできない。ミラーは「日々の人民投票」というルナンの定義を引用しながら、国民が信念の共有と相互承認によって支えられていることを確認する。その意味で国民は一種の虚構であり、「想像の共同体」であると言える。そのことはしかし、ミラーの見地からすれば、何ら否定的に評価されるべきことではない。子供が両親の生物学的子孫であるという（虚偽の）信念が幸福と愛に満ちた家族を作り出すように、「ある種の信念が価値ある社会的関係を支えるのに重要な貢献をなしていることが明らかな場合、その信念が厳密には誤りであるとしても、それを捨て去ってしまうのは合理的とは言えないかもしれない」(Miller 1995, p. 36／六二頁)。現にナショナル・アイデンティティは、世代間の連続性を体現するものとして人々に安心感を与え、同胞との連帯感や義務感といった道徳性の源泉となって、福祉国家の基盤としても機能している。こうしたプラグマティックな観点からナショナリティを擁護していくのが、ミラーのリベラル・ナショナリズムの特徴である。

とはいえ、ナショナル・アイデンティティが人々の忠誠心を独占し、国民であることが絶対的に優先される類のナショナリズムは許されない。ミラーはこういった極端な主張の一例をフィヒテに見て取り、みずからの説くナショナリティの観念と峻別している。ナショナリティの内実が「想像の共同体」だとすれば、いわばこの真空状態のなかに充満しているのが「公共文化（public culture）」だとミラーは言う。それは「ある人間集団がいかにして共同生活を営んでいくべきかに関する一連の理解」（ibid., p. 26／四六頁）であり、長い時間をかけて歴史的に形作られてきたものであると同時に、共同体の構成員が対等な立場で参加する理性的熟慮によって改変可能なものである。ミラーが強調するナショナリティの開かれた性格は、表現の自由や良心の自由がなければ維持できないし、また自由闊達な議論の前提となる相互信頼や連帯感はナショナリティによってもたらされるという意味で、リベラルな原理とナショナルな原理は折り重なっているのである。

ミラーによれば、ナショナリズムを国際的対立の元凶とする見方は、戦後の自由主義諸国の経験を踏まえて修正されつつあり、ナショナリティをめぐる争点はむしろ国民国家内部での移民やマイノリティの処遇へと移行している。この点に関して、ミラーは保守的ナショナリズムと急進的多文化主義の考え方を批判する。保守的ナショナリズムは、ナショナリティを固定的で権威を有するものと捉え、移民はそうしたナショナリティを毀損するものと受け止める。その政策上の帰結は、移民の受け入れ拒否であり、自発的帰国の奨励である。他方、急進的多文化主義は、マイノリティの文化的・民族的・性的なアイデンティティを等し並みに承認することを要求する。具体的には、積極的差別是正措置やクォータ制を通してマイノリティに集団的権利を付与することを求める。これら二つの考え方は、政策的立場としては対極にあるが、移民やマイノリティのアイデンティティがナショナリティと相容れないという認識では一致している。だが、ミラーにとってナショナリティとは、「思想の能動的過程と、集団内の当事者間の意見交換とによって創造され、維持されるもの」（ibid., p. 6／一三頁）であり、この開放性と可変性の次元を見落とした国民論はイデオロギー的にならざるをえないのである。

むしろリベラル・ナショナリズムは、多様なアイデンティティを包摂しうるナショナリティを構築するために、移民やマイノリティに対話と熟議への参加を促す。ミラーの思想的立場は、ジョン・スチュアート・ミル（John Stuart Mill）（一八〇六―七三年）の『代議制統治論』（一八六一年）におけるナショナリティ擁護論の延長線上に位置づけられるだろう。「自由な制度は、異なったいくつかの国民集団からなる国ではほとんど不可能だ」（Mill 1865, p. 297／二七八頁）というミルの主張は、ミラーによれば、完全な国民的同質性を要求しているわけではなく、「全市民が公的問題をめぐる議論に何らかのかたちで関与するような民主主義を目指すかぎり、市民が同意の基盤を求めるにあたって互いの誠実さを尊重できるような条件を探求しなければならない」という意味に解されるべきである。そのうえでミラーは、「巨大な人間集団のなかでも、共通のナショナリティのみがこれを可能にする連帯感を与えることができる」(Miller 1995, p. 98／一六九―一七〇頁）と断言するのである。

マナンの国民国家論

マナンは『諸国民の理性』――このタイトルは当然「国家理性《レゾン・デタ》」を連想させる――において、まずは欧米政治の現状を「同類の感覚」（トクヴィル）の増長という視点から大づかみに理解する。とりわけヨーロッパでは、人類は統一に向かいつつあり、われわれはみな似た者同士なのだという見方が支配的になっているが、マナンによれば、このような認識は他者との差異（différence）を見ようとしないという意味で、かえって世界への無関心（indifférence）を帰結してしまう。それは国民国家の衰退と軌を一にしている。国民国家はヨーロッパ人にとって、他者との類似性や差異を見極める場だったからである。何世紀にもわたって国境線の外部では友と敵が角逐し、その内部では階級間の闘争が繰り広げられてきた。「要するに、われわれが共通の人間性を探求し、体験してきたのは、国民と階級の差異のおかげなのである」(Manent 2006, p. 14)。

ところが、マナンの目に映じるヨーロッパとアメリカは、どちらも「民主主義の帝国」のように振る舞うことで国民国家を葬り去ろうとしている。アメリカは民主主義の中心的国民ないし守護者として、これをグローバルに伝播させようとする一方、ヨーロッパでは独仏が（もはや国民ならぬ）エージェンシーとして、「純粋な民主主義」という名の「デーモスなきクラトス」を拡大しようとしている。マナンに言わせれば、この二つの普遍主義が目指すところは「もはやいかなる集団的差異も意味を持たない世界」である。「われわれは双子のバベルの塔を建設することに夢中になって、人間集団の分離は完全には乗り越えられないこと、そしてこの好ましい無力さこそが人間の自由と多様性の条件であることが分からないのである」（ibid., pp. 16-17）。

マナンは民主主義と国民国家の歴史的関係を、大略以下のようなパースペクティヴの下に整理している（ibid., pp. 22-27）。三重の同心円の中心を一本の水平線が貫いている図を思い描いてみよう。いちばん内側の円の両端は一八四八年と一九六八年で、前者はヨーロッパに革命が吹き荒れた年、後者はパリ五月革命の年にあたる。この間、ヨーロッパ諸国では「社会問題」が噴出し、これが民主主義の中心問題となった。次の円の両端は、アメリカ独立宣言が出された一七七六年と、アメリカ同時多発テロが起こった二〇〇一年である。一八四八年から一九六八年までがマルクス（Karl Marx）（一八一八―八三年）の問題圏にあったとすれば、その前後に広がるこの時代はトクヴィル（Alexis de Tocqueville）（一八〇五―五九年）の時代であり、人民主権の原理をいかに制度化するかが課題とされた。そしていちばん外側の円は、ホッブズ（Thomas Hobbes）（一五八八—一六七九年）の『リヴァイアサン』が刊行された一六五一年を一端とするが、その終わりはまだ見えない。トクヴィルの時代の前後に広がるこの時代は、主権国家の存立や国民の存在そのものが根本的に問われる時代であり、現在はその只中にあるとマナンは見ている。

近代ヨーロッパにおける国民国家は、マナンに言わせれば、古代ギリシアにおける都市国家と同じく、その内部の人間に一体性を付与し、生の意味の枠組みを提供するものだった。歴史上、文明と自由を結びつけることができたのは都市国家と国民国家だけであり、ことに国民国家は市民的生活（自由に生きること）を少数者の特権から多数の人々へと拡大することに貢献してきた。二〇世紀の世界戦争に対する贖罪意識も手伝って、この国民国家の歴史を過小評価し、より純粋な、すなわち「国民的ならざる（non nationale）」民主主義を追求する向きもあるが、マナンは国民国家の役割を積極的に評価すべきだと主張する。なかんずく国民国家の二つの側面、すなわち主権国家と代表制という互いに密接に結びついた二つの要素は、多数の人々が文明と自由を享受しつつ共生するための偉大な発明だったと認めなければならない。にもかかわらず、ヨーロッパ統合の歴史が示しているように、国家の主権は制限される一方であり、ヨーロッパと諸国民は乖離してしまった。また、福祉国家が労働者階級を包摂し、代表されるべき集団の一体性という前提が失われたことで、代表制の意味も変質した、とマナンは診断を下している。

　では、今日ヨーロッパとは何を意味しているのだろうか。ヨーロッパの政治史および政治思想史を読み解くとき、マナンは一貫して宗教と政治を不可分のものとして――「神学＝政治問題（le problème théologico-politique）」として[8]――捉えてきた。この視角からすると、現在のヨーロッパが立たされている苦境は、多かれ少なかれイスラームおよびユダヤとの関係から生じているように見える。マナンによれば、イスラームがとりうる政治的形態は「帝国」であり、そこにはヨーロッパ流の民主主義や個人の自由が定着する余地はない。他方、ヨーロッパ諸国と同列の一国民たるべくイスラエルを建国したユダヤ人は、第三次中東戦争（一九六七年）を契機にヨーロッパからの離脱に向けて舵を切った。その結果、今やヨーロッパのアイデンティティが根底から問われる事態に立ち至っているのである。そしてこの問いに『諸国民の理性』が与えた回答は、キリスト教と国民国家であった。ともすれば韜晦に傾きがちなマナンの筆致から浮かび上がってくるのは、少なくとも今は国民国家を手放すときではないという保守的なメッセージであり、この点に関してはミラーと結論を同じくしている。

シュナペールの共和主義

国民の概念は、これまで縷々言及してきたように、東欧的／西欧的、ドイツ的／フランス的、エスニック／シヴィックといった二項対立で捉えられることが多かった。シュナペールは、フィヒテやルナンもこうした枠組みの下で解釈されてきたせいで、その思想が単純化されてしまったと指摘する。たしかにフィヒテのテクストがロマン主義の命題で満たされていることは否定しがたいとしても、そこには同時に――アラン・ルノー（一九四八年生）が「教育可能性（éducabilité）」という言葉で表現したように[9]――純粋な帰属には回収されないシヴィックな要素の萌芽が含まれている。またルナンの「日々の人民投票」にしても、過去の遺産が基礎になければ成り立たず、「人間の意志は、特殊な社会的諸条件のなかで、そして特殊な社会的諸条件によって、鍛えられたのである」（Schnapper 1994, p. 168／二〇九頁）。シュナペールの『市民の共同体』は、桎梏と化した二元論を超えて、唯一可能な国民概念を見出そうとする。

シュナペールは「国民の理念はただ一つしかない」と述べて、次のように定義している。「あらゆる政治的統一体と同じように、国民はそれが行使する主権によって定義される。主権は、対内的には国内の住民を統合するために、対外的には、政治的統一体としての国民の存在と関係の上に成り立つ世界秩序のなかで、歴史的主体として自己を主張するために行使される。しかし、国民の特性は、その住民を市民の共同体として統合することにあり、市民の共同体の存在が国家の対内的・対外的行動を正当化するのである」（ibid., p. 28／三一頁。原文はすべてイタリック）。国民とは「市民の共同体（communauté des citoyens）」である——その含意を明確にするために、シュナペールはいかにも社会学者らしい手際で、民族（ethnie）、国家、ナショナリズムといった隣接概念との差別化を図っていく。

まず民族とは、「みずからを一つの歴史的・文化的な共同体（しばしば共通の祖先という言葉で表現される）の継承者と見なし、それを維持していこうとする意志を共有している人間集団」（ibid., p. 29／同頁）を意味する。歴史的共同体と文化的特殊性の二点によって特徴づけられる民族は、国民のように政治的に組織されてはおらず、民族への帰属は自然の所与であるかのように感じられている。国民の起源をめぐる原初主義と近代主義の対立は、シュナペールからすれば、この区別が曖昧であることから生じる。国民という政治的形態は、近代以前に遡る民族意識との連続性を多少なりとも保持しているにせよ、あくまでも近代的な構築物として理解されなければならない。

国民は国家とも異なる。国家はその内部に一体性を創出し、対外的な影響力の行使を可能にする制度ないし道具であり、国民を他の人間集団から区別する根拠となる。民主的国民にとって国家は「合理的支柱」であり、これなしには集団的アイデンティティを維持することもできないので、国家と国民は不可分の関係にあるものの、「市民の共同体」の存在によって両者は概念上は区別される。

また国民はナショナリズムとも混同されてはならない。ナショナリズムとは、ある国民が他の国民を犠牲にしてでも自己を主張しようとする権力意志を指すが、シュナペールはこうした一般的な意味に加えて、民族という歴史的・文化的共同体が一個の政治組織たらんとして、国民としての承認を求めるときにナショナリズムは発生すると述べている。この点に関する誤解にもとづいて、本来ナショナリズムに向けられるべき批判が、往々にして国民に対して向けられてきた。シュナペールの見方では、たとえば旧ユーゴスラヴィアで繰り広げられた紛争は、決して国民間の衝突ではなく、国民の伝統を欠いた地域で、各民族が闇雲に政治的自律を追求したナショナリズムの帰結にほかならない。「民主的な国民ではなく、むしろナショナリズムこそが、二〇世紀のさまざまな戦争の原因である。〔…〕二〇世紀の巨大紛争は民族的であり、帝国的であり、イデオロギー的なものだった」(ibid., p. 145／一八〇—一八一頁)。

一人ひとりの個人がその出自や帰属において多様であることは自明であり、シュナペールの国民の定義は多文化社会を想定している。文化的・宗教的・歴史的な特殊性を「市民性＝市民権（citoyenneté)」の原理[10]によって超越する——あるいは括弧に入れる——ことで、抽象的な市民は形成されるからである。これは理論上、いかなる社会にあっても実現可能な、政治的かつ国民的なプロジェクトであり、シュナペールの国民論の核心はここに見出されるだろう。ところが、この超越の契機が近年衰退しつつあるのではないか、とシュナペールは危惧している[11]。今日の民主的社会では、デモやストなどの直接行動、レファレンダムのような直接民主主義的制度、テレビやインターネットを活用した新しい参加型民主主義といったものに関心が集まり、超越よりも直接性や透明性への志向が顕著である。マナンと同様、シュナペールは代表制の機能不全に注目し、具体的諸個人から成る社会を忠実に反映する「鏡としての代表制（représentation-miroir）」が前景化していると分析する。本来、公共空間は共通の政治的プロジェクトのために用意された場所である以上、多文化主義のように各人の特殊なアイデンティティを公的に承認することは許されない――これがフランス共和主義の本流をなすシュナペールの基本的立場なのである。

再びルナンへ

ミラー、マナン、シュナペールという三人の論者に共通しているのは、国民という政治的結合をトータルに肯定するのでも否定するのでもなく、それが依然として現代の政治原理であるという事実を認めたうえで、それにふさわしい役割を全うさせようとする姿勢である。

われわれの見通しうる将来において「国民なき世界」を想像するのは難しい。しかし、この先しばらくは国民が存続するであろうという蓋然性から、それが存続すべき合理性を演繹することはできない。国民とは何か、また何であるべきか——その存在理由を自覚的に問い直すことは、国民の時代を生きているわれわれ自身の課題である。

ルナンのテクストはそのための手がかりとして、今なお参照されるべき古典であり続けている。

注

（1） ルナンの評伝として、Balcou 2017 を参照。

（2） すでに第一次世界大戦前に、フリードリヒ・マイネッケ（Friedrich Meinecke）（一八六二—一九五四年）は「文化国民（Kulturnation）」と「国家国民（Staatsnation）」という用語で二つの国民観を対置し、後者の典型をルナンに見出していた。そのうえでマイネッケは前者から後者への漸進的発展について論じている。「われわれは、比較的早い時期とあとの時期とを区別することができるのであって、その前期には、国民は全体としてむしろ植物的・非人格的な存在と成長のうちにあるが、後期には、国民の意識的な意志が目ざめ、〔…〕自己を偉大な人格であり偉大な歴史的統一体であると感じ、発展した人格のしるしと権利である自治を、要求するに至るのである」（Meinecke 1962, S. 13／(1)七頁）。

（3）周知のとおり、この点は日本でも南原繁がつとに指摘していたところである。「フィヒテにとって「祖国愛」とは実に国民に顕現される永遠的なもの・普遍的なものに対する憧憬である。『ドイツ国民に告ぐ』において論証しようとしたところのものは、これ以外のものではなかったのである。真の愛国者は、その属する民族の上に顕現すべき神的永遠性を愛するがゆえに、その民族を愛するのである」（南原 一九五九、二九八頁）。

（4）たとえば、アンヌ＝マリ・ティエスは次のように述べている。「実のところ、人民投票の対象になっているのは、象徴的でもあり物質的でもある一つの遺産にほかならない。国民に属することとは、共通にして不可分の世襲財産を受け継ぐ相続人の一人であること、この世襲財産を知っていて、貴ぶことである」（Thiesse 2001, p. 12／三頁）。

（5）Cf. Smith 2001. スミスのエスノ・シンボリズムの眼目は、近代主義と原初主義の対立を調停することにあった。

（6）ホブズボームは近代のナショナリズム以前に存在していた「プロト・ナショナリズム」に論及している（Cf. Hobsbawm 1992）。

（7）吉野耕作は「近代主義的視点とエスノ・シンボリズム的視点はいずれも自己完結的ではなく、歴史の諸側面を多元的に理解する上で補完的である」と述べて、ゲルナー、アンダーソン、ホブズボーム、スミスの各視点を応用し、日本における国民形成の過程に照明を当てている（吉野 二〇〇五）。

（8）このような問題意識は、クロード・ルフォールからマルセル・ゴーシェ、ピエール・ロザンヴァロン、ドミニク・シュナペールに至るまで、現代フランスの政治哲学を根底で規定しているように思われる。

（9）フィヒテ『ドイツ国民に告ぐ』のフランス語版に収録されたルノーの序文を参照（Fichte 1992）。

（10）「市民性＝市民権」の原理については、Schnapper 2000が詳しい。

（11）民主主義の圧力による「市民性＝市民権」の弱体化については、Schnapper 2002を参照。

文献一覧

［外国語文献］

Anderson, Benedict 2006, *Imagined Communities: Reflections on the Origin and Spread of Nationalism*, Revised ed., Verso.（ベネディクト・アンダーソン『定本 想像の共同体――ナショナリズムの起源と流行』白石隆・白石さや訳、書籍工房早山（社会科学の冒険）、二〇〇七年）

Balcou, Jean 2017, *Ernest Renan: une biographie*, Honoré Champion.

Fichte, Johann Gottlieb 1992, *Discours à la nation allemande*, présentation, traduction et notes par Alain Renaut, Imprimerie nationale.

―― 2005, *Reden an die deutsche Nation*, in *Gesamtausgabe der Bayerischen Akademie der Wissenschaften*, herausgegeben von Reinhard Lauth und Hans Jacob, Bd. I-10: *Werke 1808-1812*, Frommann-Holzboog.（フィヒテ『ドイツ国民に告ぐ』石原達二訳、玉川大学出版部（西洋の教育思想）、一九九九年）

Finkielkraut, Alain 1987, *La défaite de la pensée*, Gallimard.（アラン・フィンケルクロート『思考の敗北あるいは文化のパラドクス』西谷修訳、河出書房新社、一九八八年）

Fustel de Coulanges 1870, *L'Alsace est-elle allemande ou française?: réponse à M. Mommsen, Professeur à Berlin*, E. Dentu.

Gellner, Ernest 1983, *Nations and Nationalism*, Cornell University Press.（アーネスト・ゲルナー『民族とナショナリズム』加藤節監訳、岩波書店、二〇〇〇年）

Hobsbawm, Eric J. 1992, *Nations and Nationalism since 1780: Programme, Myth, Reality*, 2nd ed., Cambridge University Press.（E・J・ホブズボーム『ナショナリズムの歴史と現在』浜林正夫・嶋田耕也・庄司信訳、大月書店、二〇〇一年）

Hobsbawm, Eric and Terence Ranger (eds.) 1983, *The Invention of Tradition*, Cambridge University Press.（エリック・ホブズボウム＋テレンス・レンジャー編『創

られた伝統』前川啓治・梶原景昭・長尾史郎・辻みどり・三宅良美・多和田裕司・中林伸浩・亀井哲也・青木保訳、紀伊國屋書店（文化人類学叢書）、一九九二年）

Kohn, Hans 1944, *The Idea of Nationalism: A Study in Its Origins and Background*, Macmillan.

Manent, Pierre 2006, *La raison des nations: réflexions sur la démocratie en Europe*, Gallimard.

Meinecke, Friedrich 1962, *Weltbürgertum und Nationalstaat*, in *Werke*, herausgegeben im Auftrage des Friedrich-Meinecke-Institutes der Freien Universität Berlin von Hans Herzfeld, Carl Hinrichs, Walther Hofer, Bd. 5, R. Oldenburg.（マイネッケ『世界市民主義と国民国家――ドイツ国民国家発生の研究』（全二巻）、矢田俊隆訳、岩波書店、一九六八―七二年）

Mill, John Stuart 1865, *Considerations on Representative Government*, 3rd ed., Longman, Green, Longman, Roberts, and Green.（J・S・ミル『代議制統治論』関口正司訳、岩波書店、二〇一九年）

Miller, David 1995, *On Nationality*, Oxford University Press.（デイヴィッド・ミラー『ナショナリティについて』富沢克・長谷川一年・施光恒・竹島博之訳、風行社、二〇〇

七年）

Müller, Jan-Werner 2011, *Contesting Democracy: Political Ideas in Twentieth-Century Europe*, Yale University Press.（ヤン＝ヴェルナー・ミュラー『試される民主主義——20世紀ヨーロッパの政治思想』（全二巻）、板橋拓己・田口晃監訳、五十嵐美香・五十嵐元道・川嶋周一・佐藤貴史・福田宏訳、岩波書店、二〇一九年）

Renan, Ernest 1887, *Discours et conférences*, Calmann-Lévy.

—— 1947a, « La réforme intellectuelle et morale de la France », in *Œuvres complètes de Ernest Renan*, établie par Henriette Psichari, tome I, Calmann-Lévy.

—— 1947b, « La guerre entre la France et l'Allemagne », in *Œuvres complètes de Ernest Renan*, établie par Henriette Psichari, tome I, Calmann-Lévy.

—— 1947c, « Nouvelle lettre à M. Strauss », in *Œuvres complètes de Ernest Renan*, établie par Henriette Psichari, tome I, Calmann-Lévy.

—— 1949, « L'avenir de la science », in *Œuvres complètes de Ernest Renan*, établie par Henriette Psichari, tome III, Calmann-Lévy.

Schnapper, Dominique 1994, *La communauté des citoyens: sur l'idée moderne de nation*, Gallimard.（ドミニク・シュナペール『市民の共同体——国民という近代的概念

について』中嶋洋平訳、法政大学出版局（叢書・ウニベルシタス）、二〇一五年）

—— 2000, *Qu'est-ce que la citoyenneté?*, avec la collaboration de Christian Bachelier, Gallimard.（ドミニク・シュナペール『市民権とは何か』富沢克・長谷川一年訳、風行社、二〇一二年）

—— 2002, *La démocratie providentielle: essai sur l'égalité contemporaine*, Gallimard.

Smith, Anthony D. 1986, *The Ethnic Origins of Nations*, B. Blackwell.（アントニー・D・スミス『ネイションとエスニシティ——歴史社会学的考察』巣山靖司・高城和義・河野弥生・岡野内正・南野泰義・岡田新訳、名古屋大学出版会、一九九九年）

—— 2001, *Nationalism: Theory, Ideology, History*, Polity Press.（アントニー・D・スミス『ナショナリズムとは何か』庄司信訳、筑摩書房（ちくま学芸文庫）、二〇一八年）

Thiesse, Anne-Marie 2001, *La création des identités nationales: Europe XVIIIe-XXe siècle*, Seuil.（アンヌ＝マリ・ティエス『国民アイデンティティの創造——十八～十九世紀のヨーロッパ』斎藤かぐみ訳、勁草書房、二〇一三年）

Todorov, Tzvetan 1989, *Nous et les autres: la réflexion française sur la diversité humaine*, Seuil.（ツヴェタン・トドロフ『われわれと他者——フランス思想における他者像』小野潮・江口修訳、法政大学出版局（叢書・ウニベルシタス）、二〇〇一年）

〔日本語文献〕

杉田孝夫 二〇一四「ナショナリズム――国民国家とは何であったのか」、宇野重規編『岩波講座 政治哲学』第三巻「近代の変容」岩波書店。

南原繁 一九五九『フィヒテの政治哲学』岩波書店。

吉野耕作 二〇〇五「ネーションとナショナリズムの社会学」、梶田孝道編『新・国際社会学』名古屋大学出版会。

訳者あとがき

本書は、Ernest Renan, « Qu'est-ce qu'une nation? » の全訳である。このテクストは、*Association scientifique de France, Bulletin hebdomadaire*, 26 mars 1882 に掲載された後、論文集 Ernest Renan, *Discours et conférences*, Calmann-Lévy, 1887, pp. 277-310 に収録された。本訳書ではこの論文集を底本として使用し、全集 *Œuvres complètes de Ernest Renan*, tome I, Calmann-Lévy, 1947, pp. 887-906 に収められたテクストを適宜参照している。管見のかぎり、全集版にはいくつかの文章の脱落があるが（冒頭の「アケメネス帝国やローマ帝国」への言及がなく、「となると、国民もまたその体系とともに変化するのでしょうか」（二七頁）の一行がない）、全体の趣旨に影響するような異同は認められなかった。また、訳出にあたっては、鵜飼哲氏の既訳（E・ルナン＋J・G・フィヒテ＋J・ロマン＋E・バリバール＋鵜飼哲『国民とは何か』鵜飼哲・大西雅一郎・細見和之・上野成利訳、インスクリプト、一九九七年）を参考にさせていただいた。

この翻訳作業自体はずいぶん前に終えていたが、解説の執筆にとりかかる余裕を見出せないまま、長い時間が流れてしまった。いくつかのよんどころない事情が重なったとはいえ、結局のところは訳者の怠慢にほかならない。今こうして曲がりなりにも本書が日の目を見たのは、遅々として捗らない作業を辛抱強く見守り、最後まで温かく励ましてくださった講談社学術図書編集部編集長の互盛央さんのおかげである。ここにお詫びするとともに、心から感謝の言葉を申し上げたい。

二〇二二年一月

長谷川一年

KODANSHA

＊本書は、講談社学術文庫のための新訳です。

エルネスト・ルナン

1823-92年。フランスの宗教史家・文献学者。主な著書として，本書（1882年）のほか，『キリスト教起源史』（1863-83年）など。

長谷川一年（はせがわ　かずとし）

1970年生まれ。同志社大学教授。主な訳書に，ミラー『ナショナリティについて』，シュナペール『市民権とは何か』（以上，共訳）ほか。

講談社学術文庫

定価はカバーに表示してあります。

国民《こくみん》とは何《なに》か

エルネスト・ルナン

長《は》谷《せ》川《がわ》一年《かずとし》 訳

2022年4月12日　第1刷発行

発行者　鈴木章一
発行所　株式会社講談社
東京都文京区音羽 2-12-21 〒112-8001
電話　編集（03）5395-3512
販売（03）5395-4415
業務（03）5395-3615
装　幀　蟹江征治
印　刷　株式会社新藤慶昌堂
製　本　株式会社国宝社

ISBN978-4-06-527857-4

「講談社学術文庫」の刊行に当たって

これは、学術をポケットに入れることをモットーとして生まれた文庫である。学術は少年の心を養い、成年の心を満たす。その学術がポケットにはいる形で、万人のものになることは、生涯教育をうたう現代の理想である。

こうした考え方は、学術を巨大な城のように見る世間の常識に反するかもしれない。また、一部の人たちからは、学術の権威をおとすものと非難されるかもしれない。しかし、それはいずれも学術の新しい在り方を解しないものといわざるをえない。

学術は、まず魔術への挑戦から始まった。やがて、いわゆる常識をつぎつぎに改めていった。学術の権威は、幾百年、幾千年にわたる、苦しい戦いの成果である。こうしてきずきあげられた城が、一見して近づきがたいものにうつるのは、そのためである。しかし、学術の権威を、その形の上だけで判断してはならない。その生成のあとをかえりみれば、その根は常に人々の生活の中にあった。学術が大きな力たりうるのはそのためであって、生活をはなれた学術は、どこにもない。

開かれた社会といわれる現代にとって、これはまったく自明である。生活と学術との間に、もし距離があるとすれば、何をおいてもこれを埋めねばならない。もしこの距離が形の上の迷信からきているとすれば、その迷信をうち破らねばならぬ。

学術文庫は、内外の迷信を打破し、学術のために新しい天地をひらく意図をもって生まれた。文庫という小さい形と、学術という壮大な城とが、完全に両立するためには、なおいくらかの時を必要とするであろう。しかし、学術をポケットにした社会が、人間の生活にとってより豊かな社会であることは、たしかである。そうした社会の実現のために、文庫の世界に新しいジャンルを加えることができれば幸いである。

一九七六年六月　　野間省一

G・W・F・ヘーゲル著／伊坂青司訳

世界史の哲学講義　ベルリン　１８２２／２３年（上）（下）

一八二二年から没年（一八三一年）まで行われた講義のうち初年度を再現。上巻は序論「世界史の概念」から本論第一部「東洋世界」を、下巻は第二部「ギリシア世界」から第四部「ゲルマン世界」をそれぞれ収録。

2502・2503

ルートヴィヒ・ヴィトゲンシュタイン著／丘沢静也・荻原耕平訳

小学生のための正書法辞典

ヴィトゲンシュタインが生前に刊行した著書は、たった二冊。一冊は『論理哲学論考』、そして教員生活を送っていた一九二六年に書かれた本書である。長らく未訳のままだった幻の書、ついに全訳が完成。

2504

J・L・オースティン著／飯野勝己訳

言語と行為　いかにして言葉でものごとを行うか

言葉は事実を記述するだけではない。言葉を語ることがそのまま行為をすることになる場合がある――「確認的」と「遂行的」の区別を提示し、「言語行為論」の誕生を告げる記念碑的著作、初の文庫版での新訳。

2505

キケロー著／大西英文訳

老年について　友情について

偉大な思想家にして弁論家、そして政治家でもあった古代ローマの巨人キケロー。その最晩年に遺された著作のうち、もっとも人気のある二つの対話篇。生きる知恵を今に伝える珠玉の古典を一冊で読める新訳。

2506

マルティン・ハイデガー著／森　一郎編訳

技術とは何だろうか　三つの講演

第二次大戦後一九五〇年代に行われたテクノロジーをめぐる講演のうち代表的な三篇「物」、「建てること、住むこと、考えること」、「技術とは何だろうか」を新訳で収録する。技術に翻弄される現代に必須の一冊。

2507

マルキ・ド・サド著／秋吉良人訳

閨房の哲学

数々のスキャンダルによって入獄と脱獄を繰り返し、人生の三分の一以上を監獄で過ごしたサドのエッセンスが本書には盛り込まれている。第一級の研究者がついに手がけた「最初の一冊」に最適の決定版新訳。

2508